HENDRIK HEIDLER

SOZIALE NOTWEHR

als Massenbewegung für Mensch und Natur

AF235908

ES GEHT UMS GANZE

Gründungsaufruf für ein Ende der Hilflosigkeit und
eine menschliche Daseinsweise

Auch für Laurin Zukunft – „unserem Jüngsten".

Hinweis

Die in diesem Buch wiedergegebenen Informationen sind nach bestem Wissen und Gewissen entwickelt und vorgestellt. Sie sind keine konkret-verbindliche Handlungsanweisung sondern Anregung zum selbstbestimmten Träumen, Schauen, Denken und Handeln, um Auswege aus Krankheit und der gegenwärtig zunehmenden Gewalt und gesellschaftlichen Lähmung eines untragbaren, verendenden Systems auf heilsame Weise zu finden. Daher können weder Autor noch Verlag irgendwelche Haftung für Schäden oder Folgen übernehmen, die sich aus dem Gebrauch oder Missbrauch der hier vorgestellten Informationen ergeben.

Über den Autor

Hendrik Heidler, geboren 1961, wohnt seither in Scheibenberg/Erzgebirge; Dipl.-Ing. für Elektronik; Konstrukteur in Forschung und Entwicklung; Nach 15 Jahren Aufgabe seines Unternehmens für neuen Lebensweg: Ausbildung in Klassischer Homöopathie; Heilpraktik, Phytotherapie, Hospiz, Spiritueller Medizin sowie Intensivweiterbildung/Ausbildung, Erfahrung und Einweihung in lebendigem Schamanismus; seit 2008 in eigener TraumzeitPraxis tätig; Kräutermann, Geschichtenerzähler und Buchautor; Durchführung von Kräuterführungen, Bildvorträgen und Märchenstunden; Vater von fünf Kindern.

1. Auflage, 2021
Copyright © 2017 Hendrik Heidler, Scheibenberg

Bibliografische Information der Deutschen Nationalbibliothek: Die Deutsche Nationalbibliothek verzeichnet diese Publikation in der Deutschen Nationalbibliografie; detaillierte bibliografische Daten sind im Internet über www.dnb.de abrufbar.

Gestaltung/Satz: Hendrik Heidler
Umschlagfoto: shutterstock, Prazis Images
Herstellung und Verlag: BoD – Books on Demand, Norderstedt
Made in Traumzeit
ISBN: 9783753444055

www.soziale-notwehr.net

INHALTSVERZEICHNIS

*Mein ausdrücklicher Dank gehört
meiner Frau Susann und Tochter Elisabeth,
für die Bereitschaft, sich durch diese Gedanken zu mühen
und viele wichtige Hinweise zu geben.*

VORWORT

Warum schreibe ich ein solches radikal-gesellschafts-kritisches Buch, zumal als schamanisch-energetischer Heiler? Auf diese Frage lassen sich viele Antworten finden, mir geht es aber besonders um zwei Dinge:

1. die Überwindung des Zwiespalts zwischen individuellem Heilen und gesellschaftlich krankmachenden Bedingungen und
2. die allgemeine Verantwortung jedes Menschen vor allem Leben, wie auch im konkreten meiner Familie, Freunden, Bekannten und hilfesuchenden Klienten in unserer Praxis.

Immer wieder konnte ich leidvoll beobachten, dass individuell als geheilt geltende Menschen, nach einiger Zeit erneut Erkrankungen hervorbrachten. Diese gelten bei ähnlichen Symptomen allgemein als Rückfälle bzw. bei anderen als neue Erkrankungen. Darin liegen jedoch Widersprüche verborgen. Entweder es IST eine Heilung, dann kann es keinen Rückfall geben oder es ist KEINE, dann ist es KEIN Rückfall, sondern das Aufflammen womöglich bloß vorher unterdrückter Symptome.

Für mich ergab sich vor allem die Frage, weshalb überhaupt sogar dann Erkrankungen auftraten, wenn tatsächlich nachweisbar die Heilung erfolgte bzw. bei ebenfalls offensichtlich insgesamt sehr gesund Lebenden diese trotzdem wieder erkrankten.

Der Schlüssel zur Lösung fand sich bei der Betrachtung des Menschen als Individuum UND gleichzeitig gesellschaftliches Wesen. Beide Seiten sind eine untrennbare Einheit, die nicht einzeln voneinander sein können. Somit ergibt sich die logische Schlussfolgerung, dass wirklich (ganzheitliche) Gesundheit für das einzelne Individuum nur erreicht werden kann, wenn auch die menschliche Gemeinschaft gesund ist.

Genau daraus ergibt sich innerhalb der kranken und gegenwärtig weltweit herrschenden Gesellschaftsform dieser eingangs erwähnte Zwiespalt. Weil diese Vergesellschaftung natürlich von einzelnen Menschen gelebt wird und damit das Ganze wiederum auf den Einzelnen zurückwirkt, steht jeder Therapeut unweigerlich vor diesem Konflikt, wie er heilsam wirken kann, ohne die Augen vor den äußeren krankmachenden Bedingungen zu verschließen. Leider ist letzteres meistens der Fall und es wird ganzheitlich individuelle Heilung angeboten OHNE die unbewusst immer mit im Boot seiende, gesellschaftlich kranke Seite jedes Individuums mit zu betrachten.

Weil mir das jedoch nach tiefer Beschäftigung klar geworden ist, verbinde ich nunmehr individuelle Therapien mit dem Anspruch, die gesellschaftlich krankmachenden Bedingungen so weit wie möglich zu beseitigen. Bisher nutzte ich dazu auch meine Bücher und Texte, halte das nun mit dem neuen, verstärkt gewalttätigen Krisenschub des Systems aber nicht mehr für ausreichend. Darum dieses Buch und die damit veröffentlichte Website für die Schaffung einer sozialen Massenbewegung als Möglichkeit zur sozialen Notwehr.

Andernfalls empfände ich mich meinen Klienten gegenüber als Heuchler und Betrüger, der falsche Angaben hinsichtlich seiner Tätigkeit macht. Deshalb werden Sie bei mir auch nie individuelles Heilen mit ganzheitlichem gleichgesetzt als Leistungsangebot finden.

Und was nützten meinen therapeutischen Angebote und Ergebnisse längerfristig, wenn es nicht gelingen sollte, die Menschheit vor den Barbarisierungsprozessen des gesellschaftlichen Alltags wie auch Zusammenbruchs zu bewahren bzw. zu heilen? Deshalb müssen beide menschlichen Seiten gleichermaßen bei allen therapeutischen Maßnahmen als das betrachtet und behandelt werden, was sie sind: eben eine untrennbare Einheit. Was natürlich absolut NICHT heißen soll, NICHT bereits jetzt innerhalb dieser krankmachenden Gesellschaftsform individuelle Heilung so weit als möglich anzustreben und zu ermöglichen! Darum geht es ja gerade, aus dem individuellem Heilen heraus die gesellschaftliche zu bewirken, um rückwirkend Individuen noch weitergehend individuell heilen lassen zu können.

Erste Ansätze dafür finden Sie hier in diesem Buch (samt Website) und auch in meinen anderen Büchern, vor allem in „Ganzheitliche Gesundheit".

Das eine solche Radikalkritik gewisse Gefahren in sich birgt ist mir völlig bewusst, so veröffentliche ich dieses Buch durchaus ängstlich und dennoch entschlossen:

Hendrik Heidler
unter dunklen Wolken im Entscheidungsjahr 2021

SOZIALE NOTWEHR FÜR MENSCH UND NATUR

Gemeinschaftliche Massenbewegung zum Schutz und zur Wiederherstellung von Menschlichkeit

Es geht ums Ganze!

- Die **Menschheit ist schwer krank** und durch sie leider auch die Erde.

- Sie Beide leiden am **automatischen Selbstzweck der Geldvermehrung**, welchen die Menschen geschichtlich selbst hervorgebracht haben.

- Psychisch ähnelt die aktuelle Weltgesellschaft der **narzisstischen Persönlichkeitsstörung**.

- Derzeit verweigert sich die Menschheit der umfassend selbstkritischen Krankheitseinsicht und betreibt **selbstzerstörerische Symptomunterdrückung** (z. B. Corona-Maßnahmen), verbunden mit Rechtfertigungszwang.

- Das führt zu absolutem **Realitätsverlust** in Form von **Allmachtsphantasien** und staatlich-totalitärem **Zwang** (z. B. irrwitziger Krieg gegen Viren), **Süchten** und **Selbstopferungen**.

- Die so genannte „Corona-Pandemie" ist nur EIN einziger, oberflächlicher und ablenkender Krisenausdruck von der grundlegenden Systemkrise ABER die darauf gründenden „kapitalistischen" Maßnahmen bergen die **Gefahr der unkontrollierbaren Eskalation**, andersdenkenden Menschen ihre Existenzrechte zu verweigern (Verbot ohne Impfpass bzw. negativem Test einzukaufen) bis hin zur körperlichen Verletzung/Vernichtung.

- Aufgrund des blindwütigem Festhaltens an diesem verzerrten Selbstbild und dem zugrunde liegenden automatischen Selbstzweck, steht die Menschheit vor der **Frage ihrer Befreiung per Heilung oder Selbstvernichtung** von ihrem Leiden.

- Therapeutisch kann dies durch **individuelle und gesellschaftliche Heilung** (Wechselwirkung) auf Basis einer ganzheitlichen Diagnose erfolgen, z. B. mithilfe der Theorie der Wert-Abspaltungs-Kritik.

- Dafür braucht es Menschen für eine **soziale Massenbewegung** die bereit sind, menschlich Bedürfnisse für sich, andere und aller Natur **OHNE Rücksichtnahme auf Rentabilitäts- und Finanzierungszwänge** durchzusetzen. Zwei Punkte sehe ich:

- bereits jetzt innerhalb der kranken Gesellschaftsform **Widerstand** gegen alle autoritär-barbarischen Tendenzen zu leisten und für alle Menschen die grundsätzliche Bedürfnisbefriedigung zu erhalten bzw. zu schaffen. Dabei ist stets der nachfolgende Punkt 2 im Blick zu behalten.

1. eine **wertfreie Gesellschaft der Menschheit** anzu-

streben und praktisch aufzubauen, die sich sinnlich-konkret an menschlichen und natürlichen Bedürfnissen von Mensch und Natur orientiert. Dabei ist stets Punkt eins im Blick zu behalten.

2. Wir sind dem automatischen Selbstzweck und der auf dessen Basis agierenden Politik NICHT hilflos ausgeliefert. Mit der **Selbsterkenntnis eigener und gesellschaftlicher Teilhabe** kann durch eine soziale Massenbewegung die Heilung bewerkstelligt werden. Dabei darf es nach „Corona" NICHT um die Rückkehr zur kapitalistischen Normalität gehen, sondern zu verlassen!

• Jeder Mensch hat das **Recht auf Notwehr**, die nun gesamtgesellschaftliche Notwendigkeit zur Beendigung und Verhinderung weiterer unendlichen Leids und des Erhalts der menschlichen Spezies geworden ist.

Deshalb rufe ich hiermit zur Schaffung dieser sozialen Massenbewegung auf.

Ein gutgemeinter Hinweis zur Mühe:

Es wäre auch zu schön, wenn es für die gegenwärtig, immer lebensbedrohlicher werdende Gesellschaftskrise eine maulgerechte Lösung von der Stange zu kaufen gäbe. Was an dieser Website deutlich sichtbar ist.

- *Darum kann es keine bequeme Möglichkeit geben, das gesellschaftliche Krisenproblem ohne Mühe zu begreifen und*
- *die Lösungen für die Heilung der Menschheit einfach mal so mit irgendwelchen Lösungen oder Schuldzuweisungen zu finden.*

Es bedarf schon der unbequemen und auch selbstkritischen Mühe des Begreifen- und Heilen-Wollens ... was als sehr befreiend und belebend empfunden werden kann.

DIE DIAGNOSE DER GESELLSCHAFTSFORM
auf Basis der narzisstischen Persönlichkeitsstörung

Das Wesen mit seinen bekannten Symptomen der narzisstischen Persönlichkeitsstörung bietet eine gute Möglichkeit, den krankhaften Zustand der gegenwärtigen Gesellschaftsform zu erfassen. Selbstverständlich finden sich in den Regionen mehr oder weniger deutliche Unterschiede, doch als weltweit durchgesetzte Daseins- und Wirtschaftsweise findet sich kein Ort auf Erden, der außerhalb davon liegt.

Wenn ich damit die gesellschaftliche Allgemeinheit beschreibe, heißt das dennoch keinesfalls, dass jeder Mensch ebenfalls massiv daran leidet. Dazu ist die einzigartige Vielfalt viel zu groß. So bieten auch andere psychische und körperliche Erkrankungen tiefe Einblicke in Wesen und Form des herrschenden Weltsystems, wie Depressionen, Burn out, Krebs, Herz-Kreislauf-Leiden, Diabetes usw.

Trotzdem sind alle Menschen als untrennbare Teile dieses narzisstischen Weltsystem davon sozialisiert und vollziehen es allein durch ihr Leben unbewusst und ohne Unterlass, solange es existiert. Demzufolge besitzen alle lebenden Menschen auf die eine oder andere Weise narzisstische Züge, und wenn es die Leugnung ist, Teil davon zu sein.

Der Einzelne prägt das Ganze und das Ganze den Einzelnen. Und so bevorzugt und fördert die narzisstische Gesellschaftstruktur entsprechende Individuen mit narzisstischer Persönlichkeitsstörung. Die Volksweisheit: „Der Stuhl macht alle gleich" stimmt nur insofern als dass die charakterliche Neigung (besonders die unbewusste, individuell-soziale Prägung während des Aufwachsens) dazu vorhanden sein muss, sonst wird sich nicht gern darauf gesetzt. Die Betrachtung führender Persönlichkeiten in Vergangenheit und Gegenwart verrät leicht, wovon ich schreibe.

Unter diesem Menüpunkt DIAGNOSE werden anhand einer klinischen Beschreibung der Narzisstischen Persönlichkeitsstörung die bedeutendsten Symptome aufgeführt, die die höchste Übereinstimmung von Individuum und Gesellschaft aufweisen.

Narzisstische Persönlichkeitsstörung
Eine psychologische Beschreibung

Narzisstische Persönlichkeitsstörung: mangelndes Selbstwertgefühl, fehlende Empathie und empfindliche Angst vor Kritik

Die narzisstische Persönlichkeitsstörung ist eine tiefgreifende Störung der Persönlichkeit, die durch mangelndes Selbstwertgefühl, einer ausgeprägten Empfindlichkeit gegenüber Kritik und einem geringen Einfühlungsvermögen in andere Menschen besteht. Sie kann das Leben der Betroffenen stark dominieren, Stress sowie sehr negative Emotionen verursachen und es können sich psychische (und körperliche) Folgeerkrankungen entwickeln.

„Die krankhafte Ausprägung einer narzisstische Persönlichkeitsstörung zeichnet sich durch ein brüchiges Selbstwertgefühl aus, dass Betroffene durch ein Selbstbild von eigener Großartigkeit, Überlegenheit und Verachtung gegenüber anderen Menschen zu kompensieren versuchen. Viele sind von starken Phantasien eingenommen, die sich um Macht, grenzenlosen Erfolg, Glanz, Schönheit oder auch ideale Liebe drehen. Sie neigen dazu, zu konstruieren und sich nach außen hin als großartig zu präsentieren, überschätzen dabei jedoch oft ihre eigenen Fähigkeiten. Manche glauben, besonders und in vielerlei Hinsicht einzigartig zu sein und nur von anderen «besonderen» Personen oder erlesenen Kreisen verstanden zu werden", berichtet Prof. Dr. med. Peter Falkai von der Deutschen Gesellschaft für Psychiatrie und Psychotherapie, Psychosomatik und Nervenheilkunde (DGPPN) mit Sitz in Berlin. „Aus diesem erhöhten Selbstkonzept entsteht jedoch für Betroffene eine permanente Bedrohung durch andere, die diese Selbstdarstellung in Frage stellen. Das Umfeld fordert früher oder später eine realistische Sichtweise der Wirklichkeit ein. Das drängt Narzissten in Erklärungsnot und führt fast zwangsläufig zu weiteren Rechtfertigungen, Konstruktionen oder auch Lügen. In dem Bestreben, die eigene Glaubwürdigkeit aufrechtzuerhalten, geraten Betroffen oft in eine Art Teufelskreis, der einen permanenten Druck ausübt und auch eine Eskalation zufolge haben kann.“

Hauptmerkmale der Störung liegen im zwischenmenschlichen Bereich

Narzissten sind auf die Bestätigung von außen angewiesen, um das eigene Selbst zu stabilisieren. Zugleich erschweren es ihnen Defizite im Einfühlungsvermögen in andere Menschen, gleichberechtigte, stabile Beziehungen aufrechtzuerhalten. Ihr ausgeprägter Eigenbezug dient überwiegend dazu, soziales Unbehagen und zwischenmenschliche Unsicherheit zu kaschieren. „In näheren Beziehungen können die Betroffenen durchaus charmant und betörend wirken, um ein positives Feedback zu erhalten. Manche gehen mit anderen Menschen aber auch geradezu manipulativ vor, um ihre Ziele zu erreichen. Beziehungen werden dabei oft von beiden Seiten nur solange aufrechterhalten, solange Bewunderung für den Narzissten vorhanden ist. Das Umfeld lässt sich so ein Verhalten meist nicht lange bieten. Narzissten lassen wiederum andere Menschen manchmal von einem Moment auf den anderen fallen, wenn diese nicht länger dazu beitragen, das Selbstwertgefühl des Narzissten zu bestärken oder dessen Ziele zu erfüllen. Emphatische Defizite tragen dazu bei, dass ein rücksichtsloser und verletzender Umgang mit Menschen aufrechterhalten wird", ergänzt Prof. Falkai. Früher oder später fühlen sich Personen mit narzisstischer Persönlichkeitsstörung oft sehr alleine und entwickeln einen großen Leidensdruck unter ihren problematischen Persönlichkeitszügen. Kritik an ihren Leistungen, Zurückweisung oder auch Kränkungen erleben sie als überaus schmerzlich und tiefgreifend bis hin zu einer existentiellen Bedrohung. Ein Teil von ihnen erlebt schwere depressive Krisen bis hin zur Entwicklung von Suizidgedanken. Die narzisstische Persönlichkeitsstörung geht mit einer hohen Suizidrate von 14 Prozent einher.

Keine Krankheitseinsicht –
Die Probleme liegen bei anderen

Es liegt in der Natur der Störung, dass sich Menschen mit narzisstischer Persönlichkeitsstörung nur selten Hilfe holen. Viele Betroffene verschließen sich vehement vor Kritik an ihren Persönlichkeitszügen. Suchen sie Hilfe auf, geschieht dies oft vor dem Hintergrund, das andere Probleme mit ihnen haben, die behoben werden müssen - nicht aber, dass sie ein Problem bei sich selber sehen. Häufig führen erst Folgeerkrankungen wie eine Depression oder eine Suchterkrankung zu professioneller Hilfe. „Bei den therapeutische Maßnahmen steht im Vordergrund, dass die Störung in erster Linie in einem zwischenmenschlichen Interaktionsproblem besteht, das auf Empathie-Mangel, Schüchternheit und Angst vor negativer Bewertung besteht. Das Empathie-Vermögen kann dann beispielsweise durch Rollenspiele erarbeitet werden. Empathie ist wiederum die Voraussetzung, um mit dem Feedback und der Kritik durch andere besser umgehen zu können", illustriert der DGPPN-Experte. Patienten werden auch darin unterstützt, Veränderungen in ihren Alltagsbeziehungen vorzunehmen, wodurch sie letztlich selbst ihr Alltagsverhalten verändern müssen.

Persönlichkeitsstörungen können als extreme Ausprägung eines Persönlichkeitsstils mit unflexiblen, starren und unzweckmäßigen Persönlichkeitszügen betrachtet werden, die dabei die Lebensqualität des Betroffenen beeinträchtigen, zu (subjektivem) Leid oder zu häufigen Konflikten mit der Umwelt führen. Eine Störung liegt vor, wenn diese problematischen Persönlichkeitszüge stabil und langdauernd vorliegen. Eine in Deutschland durchgeführte Studie ermittelte, dass 9,4 Prozent der Bevölkerung von Persönlichkeitsstörungen betroffen sind. Narzisstische Persönlichkeitsstörungen treten bei bis zu 0,4 Prozent der Bevölkerung auf.

Quellen:
www.psychiater-im-netz.org
Mathias Berger, Psychische Erkrankungen – Klinik und Therapie, Urban & Fischer München, (4. Auflage 2012)

Zum besseren Verständnis der einzelnen gesellschaft-lichen Wesensmerkmale habe ich unter **„Individuelle Symptome"** noch einmal aus vorstehendem Kapitel aus-zugsweise die jeweilige psychologische Deutung zur Nar-zisstischen Persönlichkeitsstörung *kursiv* eingefügt. So können Sie frei entscheiden, ob Sie diese wiederholend noch einmal lesen möchten oder nicht.

Mangelndes Selbstwertgefühl
Innere Leere, Selbstzweifel und wissen, um die eigenen Defizite

Individuelle Symptome:

„Die krankhafte Ausprägung einer narzisstische Persön-lichkeitsstörung zeichnet sich durch ein brüchiges Selbstwert-gefühl aus, dass Betroffene durch ein Selbstbild von eigener Großartigkeit, Überlegenheit und Verachtung gegenüber anderen Menschen zu kompensieren versuchen. ... Narziss-ten lassen wiederum andere Menschen manchmal von einem Moment auf den anderen fallen, wenn diese nicht länger dazu beitragen, das Selbstwertgefühl des Narzissten zu bestärken oder dessen Ziele zu erfüllen.

Gesellschaftliche Symptome:

Die gesellschaftliche Ausschließlichkeit, Mensch und Natur allein für Wert, Wertschöpfungsfähigkeit und Ver-wertbarkeit Anerkennung zu zollen, führt im Umkehr-schluss dazu, alles unter diesen Gesichtspunkten „Wertlose" als Angriff auf den eigenen Selbstwert wahrzunehmen (Naturheilkunde, Impfkritiker, Heilpflanzen in Getreidefeldern, wirkliche Emanzipation von Frauen, Maskenverweigerung, Gemeinschaft usw.). Mit seiner ganzen gesellschaftlichen Macht wird entweder alles Werthaltige befördert oder alles anderes abgespalten und sogar vernichtet.

Gerät die gesellschaftliche Verwertungs- und Wertschöpfungsfähigkeit ins Stocken, treibt der Verfall des systemeigenen Selbstwertes zu irrationalen Kompensationen in Form eigener Einzigartigkeit. Nichts neben und nach diesem System darf es geben, alles davon Abweichende wird negiert (und oft genug tatsächlich vernichtet).

In der heutigen Zeit der systemischen Zusammenbruchskrise wird dies auf die Spitze getrieben. Die Ausschließlichkeit der Corona-Maßnahmen, der Digitalisierung bis hin zum Transhumanismus (Verschmelzung von Mensch und Technik) als Systemerhaltungs- und Anpassungsmaßnahmen für die Fortsetzung der Geldvermehrungsfähigkeit zeugt vom inzwischen höchst desolaten Zustand des Gesamtsystems.

Für den Systemerhalt sind nun die Machteliten bereit, nicht nur die schönen Masken fallen zu lassen sondern auch auf die Gefahr der Selbstvernichtung hin alles auf eine Karte zu setzen. Anstatt diesen narzisstischen Selbstzweck abzuschaffen, soll die Welt entweder dafür verbraucht oder virtualisiert werden, einschließlich der daran anpassenden Vermonsterung des Menschen durch genetisches Hineinpfuschen (gentechnische Impfungen, Einpflanzen von Smartphone-Chips usw.).

Selbstbestimmte Menschlichkeit ohne Wertverbindung spielt dabei keine Rolle, wirkt sogar hinderlich dabei.

Fehlendes Einfühlungsvermögen
Rücksichtslos und gefühlskalt hinter menschlicher Maskerade

Individuelle Symptome:

Narzissten sind auf die Bestätigung von außen angewiesen, um das eigene Selbst zu stabilisieren. Zugleich erschweren es ihnen Defizite im Einfühlungsvermögen in andere Menschen, gleichberechtigte, stabile Beziehungen aufrechtzuerhalten. Das Umfeld lässt sich so ein Verhalten meist nicht lange bieten. Narzissten lassen wiederum andere Menschen manchmal von einem Moment auf den anderen fallen, wenn diese nicht länger dazu beitragen, das Selbstwertgefühl des Narzissten zu bestärken oder dessen Ziele zu erfüllen. Emphatische Defizite tragen dazu bei, dass ein rücksichtsloser und verletzender Umgang mit Menschen aufrechterhalten wird.

Bei den therapeutische Maßnahmen steht im Vordergrund, dass die Störung in erster Linie in einem zwischenmenschlichen Interaktionsproblem besteht, das auf Empathie-Mangel, Schüchternheit und Angst vor negativer Bewertung besteht. Das Empathie-Vermögen kann dann beispielsweise durch Rollenspiele erarbeitet werden. Empathie ist wiederum die Voraussetzung, um mit dem Feedback und der Kritik durch andere besser umgehen zu können. Patienten werden auch darin unterstützt, Veränderungen in ihren Alltagsbeziehungen vorzunehmen, wodurch sie letztlich selbst ihr Alltagsverhalten verändern müssen.

Gesellschaftliche Symptome:

Konkurrenz als wesentliches Grundprinzip des gegenwärtigen Gesellschaftssystems lässt Einfühlungsvermögen (Empathie) nur bedingt zu, vor allem aber wenn es durch Selbstdarstellung gilt, sich Vorteile im alltäglichen Kampf um wirtschaftlichen Erfolg zu verschaffen. Empathie gilt als manipulative Kompetenz ohne mitfühlendes Herz. Das wäre nur hinderlich im Vollzug des gesellschaftlichen Selbstzwecks der Geldvermehrung.

Jedes Unternehmen hat letztlich nur eine einzige zu erfüllende Aufgabe, wenn es weiterhin am Markt bestehen will: Gewinn zu erwirtschaften. Alles andere ist schöne Illusion und dient letztlich dieser Aufgabe. Stört dabei Einfühlungsvermögen, wird es rücksichtslos beiseite geschoben. Höchstens die Marketingabteilung nutzt diese Kompetenz noch, um für naive Zeitgenossen den schönen Schein zu wahren.

Der vom Gründer des Weltwirtschaftsforums propagierte Stakeholder-Kapitalismus darf getrost ins Reich der Legenden verortet werden, wie die allgemeine Definition leicht erkennbar mach: Der Stakeholder-Kapitalismus, als Modell, ist die einzige Organisationsform, die soziale Verantwortung inklusive Umweltfrage mit dem System der Marktwirtschaft verbindet. (Wikipedia)

Es gibt keinen halben oder einfühlsamen Kapitalismus, sondern nur seine Anerkennungssucht um Mehrwert zu schaffen um noch mehr Wert zu schaffen ... Nicht nur

alles, was dem im Wege steht wird vernichtet oder angepasst sondern auch das, was dem dient, zerstört Mensch
und Natur. Als Beispiel darf die Massentierhaltung dienen, die kein Einfühlungsvermögen haben darf, um sich
in der Konkurrenz behaupten zu können. Verzichtete ein
solches Unternehmen darauf, übernähmen augenblicklich lachende Konkurrenten den frei gewordenen Markt-
bereich.

Auch das von den sogenannten demokratischen Kernländern des Westens praktizierte Sanktionsregime fehlte
jede Empathie ... wie auch sonst könnte das daraus folgen-
de Elend ausgehalten werden?

Davon abgesehen ist eine graduell unterschiedliche
Emphatielosigkeit zumindest unbewusstes Charakter-
merkmal jedes heute lebenden Menschen, indem er lebt
und seine Existenz mit finanziellen Mitteln und per Wa-
reneinkauf realisieren muss.

Zum Verständnis: Allein das Bezahlen mit Geld erfolgt
völlig versachlicht und ohne jedes Gefühl. Und doch klebt
an jedem Geldstück das ganze Leid all der mittels Konkurrenz unterlegenen. Was als Mensch nur durch unterdrückter Empathie aushaltbar sein kann. Was zwar auch
seelisch-körperliche Folgen nach sich zieht aber tunlichst
nicht ursächlich im Zusammenhang gesehen wird.

Allerdings leugnet die aktuelle Gesellschaftsform völlig
diesen Umstand, was die leidvollen Krisenprozesse zunehmend gewalttätiger werden lässt. Auch hier sind die
Corona-Maßnahmen exemplarisch zu erwähnen.

Nicht vorhandene Kritikfähigkeit
Panische Angst vor jeglicher Kritik und anderer Meinung

Individuelle Symptome:

Die narzisstische Persönlichkeitsstörung ist hingegen eine tiefgreifende Störung der Persönlichkeit, die durch mangelndes Selbstwertgefühl, einer ausgeprägten Empfindlichkeit gegenüber Kritik und einem geringen Einfühlungsvermögen in andere Menschen besteht. Kritik an ihren Leistungen, Zurückweisung oder auch Kränkungen erleben sie als überaus schmerzlich und tiefgreifend bis hin zu einer existentiellen Bedrohung. Ein Teil von ihnen erlebt schwere depressive Krisen bis hin zur Entwicklung von Suizidgedanken.

Es liegt in der Natur der Störung, dass sich Menschen mit narzisstischer Persönlichkeitsstörung nur selten Hilfe holen. Viele Betroffene verschließen sich vehement vor Kritik an ihren Persönlichkeitszügen. Suchen sie Hilfe auf, geschieht dies oft vor dem Hintergrund, das andere Probleme mit ihnen haben, die behoben werden müssen - nicht aber, dass sie ein Problem bei sich selber sehen. Häufig führen erst Folgeerkrankungen wie eine Depression oder eine Suchterkrankung zu professioneller Hilfe.

Gesellschaftliche Symptome:

„Alternativlos" ist der definitive Ausdruck des sich als einzig mögliches darstellendes Gesellschaftssystem. Die Sprache seiner willigen „Diener" verrät die Kritikunfähigkeit, ja, panische Angst davor.

Kuba oder die längst verblichene DDR waren bzw. sind weiß Gott nicht in der Lage, das kapitalistische Weltsystem materiell zu bedrohen. Und doch scheinen manche Ideen und praktischen Erfolge, so gering sie auch gewesen sein mochten oder noch sind, eine solche panische Abwehr hervorzurufen, dass heute noch alles zur DDR schwarz gemalt wird und Kuba der schlimmsten Blockade in Friedenszeiten ausgesetzt wird und der längsten überhaupt. (Wie nicht anders gewohnt, werden die dadurch auftretenden Schwierigkeiten, großes Mitgefühl heuchelnd, nicht der Blockade sondern den grundsätzlich unfähigen Sozialisten angekreidet. Aber so unfähig können sie nicht sein, da sie die stärkste kapitalistische Macht nach über sechzig Jahren noch nicht zu Fall bringen konnte.)

Offenbar erschreckt es die Machthabenden Eliten der narzisstischen Daseins- und Wirtschaftsweise schon, wenn auch nur die aller kleinste Möglichkeit bestünde, dass aus den bisherigen, gescheiterten Versuchen, doch noch eine funktionierende Befreiung auf Dauer entstehen könnte. Was aber auch heißt, wie unsicher sie sich ihres beförderten Systems sind.

Gegenwärtig und wieder beispielhaft wird am Umgang nicht nur mit Kritik sondern mit jeder anderen Meinung, selbst gut gemeinten, bezüglich der Corona-Maßnahmen die völlige Kritikunfähigkeit mehr als deutlich. Selbst alternative und die systeminterne Schulmedizin nur begleitende Heilmöglichkeiten, wie Kräuter und TCM, werden gnadenlos abgeschmettert und als Verschwörungstheorien, Leugnung usw. verleumdet.

Und obwohl der russische Präsident Putin völlig im Rahmen des kapitalistischen Systems agiert, aber eine etwas andere Vorstellung von den internationalen Beziehungen gegenüber des sich selbst als unantastbar definierenden Westens einnimmt, ist diese systeminterne Kritik bereits Grund genug, Russland zu verdammen und verteufeln. Es könnten die eigenen Schweinereien sichtbar werden.

Ein Grund der Russlandverteufelung:

- *Präsident Putin kritisierte auf der Münchner Sicherheitskonferenz 2007 massiv die rücksichtslose Politik des Westens. Narzissten bzw. das von ihnen getragene und sie prägende System verzeihen so etwas nie und wenn dabei die Fremd- und Selbstvernichtung drohte. Außerdem hat Präsident Putin als Sohn eines Weltkriegsteilnehmers eine negative Haltung zum Krieg. Ihm ist es verständlicherweise absolut nicht zu verdenken, dass er alle ihm verfügbaren Mittel einsetzt, um einen weiteren verheerenden Überfall auf sein Heimatland zu verhindern, also die Landesgrenzen und den Frieden zu sichern*

Letztlich resultiert diese panische Angst vor jeglicher Kritik bzw. selbst sinnvoller Alternativen zumindest aus einer Ahnung, wenn nicht gar des Wissens um die eigene, systemische Schwäche; zumal jetzt in Zeiten des heraufziehenden Zusammenbruchs. Auch hier geht der Wertverlust umgekehrt proportional mit zunehmender Kritikunfähigkeit einher.

Überblähtes Selbstbild

Großartigkeit, Überlegenheit und Verachtung allem anderen gegenüber

Individuelle Symptome:

Narzissten gelten als selbstbezogene Menschen, die egozentrische und geltungsbedürftige Wesensmerkmale aufweisen. Dabei dient die innere Selbstbezogenheit dem Zweck, ein inneres Gleichgewicht sowie Selbstwert und Wohlgefühl aufrechtzuerhalten.

Die krankhafte Ausprägung einer narzisstische Persönlichkeitsstörung zeichnet sich durch ein brüchiges Selbstwertgefühl aus, dass Betroffene durch ein Selbstbild von eigener Großartigkeit, Überlegenheit und Verachtung gegenüber anderen Menschen zu kompensieren versuchen. Viele sind von starken Phantasien eingenommen, die sich um Macht, grenzenlosen Erfolg, Glanz, Schönheit oder auch ideale Liebe drehen. Sie neigen dazu, zu konstruieren und sich nach außen hin als großartig zu präsentieren, überschätzen dabei jedoch oft ihre eigenen Fähigkeiten. Manche glauben, besonders und in vielerlei Hinsicht einzigartig zu sein und nur von anderen «besonderen» Personen oder erlesenen Kreisen verstanden zu werden.

Ihr ausgeprägter Eigenbezug dient überwiegend dazu, soziales Unbehagen und zwischenmenschliche Unsicherheit zu kaschieren. In näheren Beziehungen können die Betroffenen durchaus charmant und betörend wirken, um ein positives Feedback zu erhalten. Manche gehen mit anderen Menschen

aber auch geradezu manipulativ vor, um ihre Ziele zu errei-
chen. Beziehungen werden dabei oft von beiden Seiten nur
solange aufrechterhalten, solange Bewunderung für den Nar-
zissten vorhanden ist. Das Umfeld lässt sich so ein Verhalten
meist nicht lange bieten. Narzissten lassen wiederum andere
Menschen manchmal von einem Moment auf den anderen fal-
len, wenn diese nicht länger dazu beitragen, das Selbstwertge-
fühl des Narzissten zu bestärken oder dessen Ziele zu erfüllen.

Aus diesem erhöhten Selbstkonzept entsteht jedoch für Be-
troffene eine permanente Bedrohung durch andere, die diese
Selbstdarstellung in Frage stellen. Das Umfeld fordert frü-
her oder später eine realistische Sichtweise der Wirklichkeit
ein. Das drängt Narzissten in Erklärungsnot und führt fast
zwangsläufig zu weiteren Rechtfertigungen, Konstruktionen
oder auch Lügen. In dem Bestreben, die eigene Glaubwürdig-
keit aufrechtzuerhalten, geraten Betroffen oft in eine Art Teu-
felskreis, der einen permanenten Druck ausübt und auch eine
Eskalation zufolge haben kann.

Gesellschaftliche Symptome:

Zeugt es nicht von einem überblähtem Selbstbild und
angeblicher Großartigkeit, wenn sich eine Gesellschaftsformation als beste aller Zeiten definiert? Die freiheitlich-
demokratische Grundordnung wie auch die (soziale)
Marktwirtschaft - beide untrennbare Einheit - lässt nichts
anderes als sich selbst gelten und stellt sich als mensch-
lichstes, fortschrittlichstes, aufgeklärtestes, gerechtestes,
sachlichstes und wohlhabendestes System aller Zeiten
dar. Allein das ist in Anbetracht einer mehrere Millionen

Jahre währenden Menschheitsgeschichte zumindest der Überprüfung wert. Großartigkeit, Überlegenheit und Verachtung gegenüber allem anderen dürfen durchaus als wesentlichste Merkmale des eigenen Selbstverständnisses bezeichnet werden.

Dafür nur einige Beispiele:

- Homöopathen? = Scharlatane!,
- Afrikaner? = Halbwilde!,
- Russen? = unfähig!,
- Araber? = dreckig!,
- Feinfühlende? = lebensunfähige Träumer!,
- Frauen? = schwach!,
- Alte? = wertlos!,
- Viren = bewusst böswillige Feinde usw.

Der Größenwahn nimmt inzwischen gottgleiche Ausmaße an, wie beispielhaft an den unaussprechlich reichen Unternehmern und auch technikversessenen Entwicklern des Silicon Valley genau so gezeigt werden kann, wie Klaus Schwabs transhumanistischen Alptraum des The Great Reset oder schlicht dem Wunderglaube vom Impfen der politischen Funktionärseliten Deutschlands und anderswo.

So wird ernsthaft an Technologien geforscht und gearbeitet, die es bald möglich machen sollen, das menschliche Bewusstsein ins Internet hochzuladen, um damit das ewige Leben zu haben. Ein führender Funktionär eines bekannten Computerunternehmens soll hunderte Pillen täglich schlucken und sich regelmäßig sein Blut austauschen lassen, um so lange am Leben zu bleiben, bis er endlich eine digitale Datenwolke im Internet sein könne. Gentechnik u.dgl.m. soll in Verbindung mit Nanotechnologien den Menschen verbessern und von jeglichen Krankheiten befreien. Superreiche Sterbenskranke lassen sich bzw. nur den Kopf in flüssigem Stickstoff einlegen, in der Hoffnung, in der Zukunft erweckt und geheilt zu werden. Die Annahmen von Krankheiten und Ort des Bewusstseins werden als unerschütterlich wahr angenommen, haben aber nicht unbedingt etwas mit der Wirklichkeit zu tun.

Das jetzt bereits zur äußerlichen Denk- und Gedächtnisprothese gewordene Smartphone steht kurz davor, in menschliche Körper implantiert zu werden.

Doch genug der Beispiele derart erbärmlicher Bestrebungen.

Allein die verbreitete Vorstellung, Kapitalismus würde als höchste und letzte Entwicklungsstufe der menschlichen Gesellschaftsformen ewig bestehen und Wachstum auf Basis der unendlichen Geldvermehrungsfähigkeit, kann als gottgleicher Größenwahn bezeichnet werden. Bemerkenswert dabei: je mehr die Geldvermehrungsfähigkeit in der jetzigen unüberwindlichen Systemkrise in sich zusammenfällt, desto atemberaubendere Ausmaße nimmt der Glaube von der eigenen Großartigkeit, Überlegenheit und Allmacht zu.

Eine unglaubliche Luftnummer, wenn dieses System nicht über die schlimmsten Vernichtungspotenziale verfügen würde, die jemals eine Gesellschaftsform hervorgebracht hat. Darin zeigt sich die Ähnlichkeit mit pubertierend-wohlhabenden und höchst narzisstisch geprägten Amokläufern. Für das Erleben der eigenen Großartigkeit wird sogar das eigene Leben und das anderer in einem finalen Paukenschlag vernichtet, Hauptsache Anerkennung in den Medien und wenn es nach dem Tode ist. Nichts daneben darf gelten und bestehen. Exakt das ist der jetzige Zustand des kapitalistischen Weltsystems. Nur es selbst verdient Anerkennung und Unterwerfung und wenn es aus eigenem Verfall heraus nicht mehr funktioniert, dann darf auch nichts anderes sein bzw. entstehen. Dafür braucht es nicht einmal einen Atomkrieg, allein die ausufernde Warenmassenproduktion, die gentechnischen Eingriffe per Impfung und die restliche Zerstörung des menschlichen Wesens per Corona-Maßnahmen haben das Potenzial, die Menschheit in den Abgrund zu werfen.

Die faschistischen Fantasien einer Gotterdämmerung und der praktische Vollzug im 2. Weltkrieg ist keine vergangene Geschichte sondern ein Menetekel für den heutigen Blick in den Abgrund dieses irrsinnig gewordenen, narzisstischen Weltsystems. Es könnte die Abwandlung des ersten biblischen Gebotes, Ich bin Dein Herr, Dein Gott, Du sollst keine anderen Götter haben, neben mir, das kapitalistische Selbstverständnis nicht treffender ausdrücken, setzt man für Gott Kapitalismus ein.

Gestörte Beziehungsfähigkeit
Widerspruch zwischen Anerkennungssucht und
Gegnerschaft

Individuelle Symptome:

Narzissten sind auf die Bestätigung von außen angewiesen,
um das eigene Selbst zu stabilisieren. Zugleich erschweren es
ihnen Defizite im Einfühlungsvermögen in andere Menschen,
gleichberechtigte, stabile Beziehungen aufrechtzuerhalten.
Ihr ausgeprägter Eigenbezug dient überwiegend dazu, soziales Unbehagen und zwischenmenschliche Unsicherheit zu
kaschieren. „In näheren Beziehungen können die Betroffenen durchaus charmant und betörend wirken, um ein positives Feedback zu erhalten. Manche gehen mit anderen Menschen aber auch geradezu manipulativ vor, um ihre Ziele zu
erreichen. Beziehungen werden dabei oft von beiden Seiten
nur solange aufrechterhalten, solange Bewunderung für den
Narzissten vorhanden ist. Das Umfeld lässt sich so ein Verhalten meist nicht lange bieten. Narzissten lassen wiederum
andere Menschen manchmal von einem Moment auf den
anderen fallen, wenn diese nicht länger dazu beitragen, das
Selbstwertgefühl des Narzissten zu bestärken oder dessen
Ziele zu erfüllen. Emphatische Defizite tragen dazu bei, dass
ein rücksichtsloser und verletzender Umgang mit Menschen
aufrechterhalten wird. Früher oder später fühlen sich Personen mit narzisstischer Persönlichkeitsstörung oft sehr alleine
und entwickeln einen großen Leidensdruck unter ihren problematischen Persönlichkeitszügen. Kritik an ihren Leistungen,
Zurückweisung oder auch Kränkungen erleben sie als überaus
schmerzlich und tiefgreifend bis hin zu einer existentiellen Be-

drohung. *Ein Teil von ihnen erlebt schwere depressive Krisen bis hin zur Entwicklung von Suizidgedanken. Die narzisstische Persönlichkeitsstörung geht mit einer hohen Suizidrate von 14 Prozent einher.*

Auch narzisstische Persönlichkeitsstörungen können als extreme Ausprägung eines Persönlichkeitsstils mit unflexiblen, starren und unzweckmäßigen Persönlichkeitszügen betrachtet werden, die dabei die Lebensqualität des Betroffenen beeinträchtigen, zu (subjektivem) Leid oder zu häufigen Konflikten mit der Umwelt führen.

Gesellschaftliche Symptome:

Was soll schon dabei herauskommen, wenn sich eine menschliche Gesellschaft auf Konkurrenz gründet als zerrissene Menschen und Gemeinschaften. Konkurrenz schließt das menschlichste am Menschen aus und zerstört es, die Gesellschaftlichkeit, also das gemeinschaftliche, gesellige. Gesunde, gerechte, stärkende, menschliche und harmonische Beziehungen können nicht gegen- sondern nur miteinander gestaltet und gelebt werden. Die auf Konkurrenz ruhenden Berührungspunkte (von menschlichen Beziehungen kann dabei nur schwerlich die Rede sein), können nur mit Gewalt, Angst und Manipulation aufrecht herhalten werden. Dafür gibt es Medien, Psychotherapien, verführerische Waren- und Genussmittel, Gesetze und ausführende Gewaltorgane mit heutzutage atemberaubendem Vernichtungspotenzialen ebenso wie verinnerlichte Zwänge, ganz voran der Zwang der finanziellen Lebensfinanzierung.

Wie sehr dieser unselige Zwang als quasi naturgesetzlich verinnerlicht wurde zeigt sich beispielsweise an der erschreckend paradoxen Tatsache, dass viele Menschen einer Beschäftigung nachgehen, ohne ihren Lebensunterhalt damit decken zu können. Sie verbrauchen ihr Leben „lieber" mit irgendwelchen sinnfreien Beschäftigungen, anstatt sich für ihr sinnerfülltes, schöpferisches Dasein einzusetzen. Und dass sich oft genug für ihren Arbeitsplatzerhalt Streikende T-Shirts mit Aufdruck ihres Unternehmens überziehen („ich bin Haribo") und für den nicht mehr tragbaren Arbeitsplatzerhalt bereit sind, große Einkommenseinbußen hinnehmen zeigt, dass Verwertung selbstverständlicher geworden ist als menschlich zu (über)leben. Es ist das geschichtlich hervorgebrachte, negative Bedürfnis nach Selbstwert durch Selbstverwertung.

Zunehmend vereinzelte und von sich und anderen entfremdete Individuen kommen nur noch zusammen, wie es der Job, der Eigennutz oder die Anerkennungssucht erfordern. Das wieder sichtbar werdende Denunziantentum und die Spaltung bis in die Familien hinein zeigen das sehr deutlich.

Aber auch die Selbstverständlichkeit, einerseits Migranten zu verteufeln, andererseits aber von diesen im eigenen Laden Geld für Waren anzunehmen verrät diese verwahrlosten Beziehungsstrukturen.

Existenzielle Bedrohung
Depression, Sucht und Eskalation

Individuelle Symptome:

Aus diesem (narzisstisch) erhöhten Selbstkonzept entsteht jedoch für Betroffene eine permanente Bedrohung durch andere, die diese Selbstdarstellung in Frage stellen. Das Umfeld fordert früher oder später eine realistische Sichtweise der Wirklichkeit ein. Das drängt Narzissten in Erklärungsnot und führt fast zwangsläufig zu weiteren Rechtfertigungen, Konstruktionen oder auch Lügen. In dem Bestreben, die eigene Glaubwürdigkeit aufrechtzuerhalten, geraten Betroffen oft in eine Art Teufelskreis, der einen permanenten Druck ausübt und auch eine Eskalation zufolge haben kann.

Früher oder später fühlen sich Personen mit narzisstischer Persönlichkeitsstörung oft sehr alleine und entwickeln einen großen Leidensdruck unter ihren problematischen Persönlichkeitszügen. Kritik an ihren Leistungen, Zurückweisung oder auch Kränkungen erleben sie als überaus schmerzlich und tiefgreifend bis hin zu einer existentiellen Bedrohung. Ein Teil von ihnen erlebt schwere depressive Krisen bis hin zur Entwicklung von Suizidgedanken. Die narzisstische Persönlichkeitsstörung geht mit einer hohen Suizidrate von 14 Prozent einher. Dabei kann es durchaus zum erweiterten Suizid kommen bis hin zum so genannten Amok. Endlich Anerkennung der eigenen Großartigkeit und Rache für deren Verweigerung um jeden Preis?!

Es liegt in der Natur der Störung, dass sich Menschen mit narzisstischer Persönlichkeitsstörung nur selten Hilfe holen. Viele Betroffene verschließen sich vehement vor Kritik an ihren Persönlichkeitszügen. Suchen sie Hilfe auf, geschieht dies oft vor dem Hintergrund, das andere Probleme mit ihnen haben, die behoben werden müssen - nicht aber, dass sie ein Problem bei sich selber sehen. Häufig führen erst Folgeerkrankungen wie eine Depression oder eine Suchterkrankung zu professioneller Hilfe.

Persönlichkeitsstörungen, einschließlich der narzisstischen, können als extreme Ausprägung eines Persönlichkeitsstils mit unflexiblen, starren und unzweckmäßigen Persönlichkeitszügen betrachtet werden, die dabei die Lebensqualität des Betroffenen beeinträchtigen, zu (subjektivem) Leid oder zu häufigen Konflikten mit der Umwelt führen. Eine Störung liegt vor, wenn diese problematischen Persönlichkeitszüge stabil und langdauernd vorliegen.

Gesellschaftliche Symptome:

Offensichtlich liegt eines der größten Probleme einer narzisstischen Persönlichkeitsstörung in der fehlenden Krankheitseinsicht. Die Schwierigkeiten liegen ausschließlich bei anderen. Genau darin liegt das enorme Potenzial der Verschlimmerung des eigenen Leidens wie auch der Angriffe gegenüber allem, was auch nur ansatzweise kritisierend wirken kann bzw. dem eigenen Weg zu atemberaubenden Höhen der eigenen Großartigkeit im Wege steht. Entweder mit dem Wesen der narzisstischen

Persönlichkeitsstörung oder dagegen. Notfalls mit Gewalt und wenn es die erweiterte Selbstzerstörung erfordert.

Selbst ein oberflächlicher Blick auf die kapitalistische Gesellschaftsformation von ihren Anfängen bis heute lässt an diesem, alles andere ausschließendem Selbstbild absolut keinen Zweifel.

Aus diesem, tatsächlich der inneren Lebensschwäche entspringendem, erhöhten Selbstkonzept entsteht jedoch für das kapitalistische Weltsystem eine ständige Bedrohung durch anderes. Das können natürliche Kräfte sein, wie Mikroorganismen oder Schneefälle aber auch menschliche Bedürfnisse wie Nähe, Muße, Nachdenken, Durst, Liebe usw. Ohne massive Manipulation, Bestechung (Verführung durch Warenkonsum) und gesetzliche bzw. offene Gewalt wäre dieses System nicht lebensfähig. Wozu braucht das angeblich großartigste Gesellschaftsmodell die zerstörerischsten Waffensysteme und höchsten Militärausgaben aller Zeiten? Außerdem, weshalb erfordert es die umfassendsten Gesetzeswerke (Verbots- und Gebotsregeln), mit denen bis in die Familien hinein alles versucht wird zu beherrschen (siehe Corona-Anordnungen)? Und weshalb werden Milliardenbeträge in Werbung und beispielsweise psychologische Forschungen gesteckt, wenn nicht, um Kritik, Widerspruch und gar Aufstände bereits im Keim zu verunmöglichen, indem diese Zumutung von Daseins- und Wirtschaftsweise eben als die großartigste im ganzen Universum zu verinnerlichen, als unabänderliches Naturgesetz unangreifbar zu machen? Wäre sie so wunderbar, bräuchte es all das nicht! Verfallen nun infolge der voranschreitenden Systemkrise die werthaltigen Möglichkeiten, um die Menschen damit weiterhin bei der Stange zu halten, folgen ausufernde Maßnahmen der Manipulation, Bestechung, Bestrafung und Gewalt. Beispielgebend dafür sind wiederum die Corona-Maßnahmen:

- *Allumfassende tägliche Berieselung mittels staatlicher und privater Leitmedien (Halbwahrheiten, Lüge, angebliches Wahrheitsmonopol, Verleumdung bis Schuldzuweisung u.v.a.m.. wird dabei eingesetzt - besonders verwerflich dabei solche Unterstellungen, dass Enkel am Tod der Großeltern schuldig seien bzw. die Verknüpfung der Krankheit anderer mit dem eigenen Verhalten)*
- *Zuschüsse bin hin zu Helikoptergeld (nicht zurückzahlbare Zahlungen z. B. auf Kindergeld und Harz IV); was an sich den Wertverfall des Geldes offenbart*
- *Bevorzugung braver Untertanen (z. B. Vorteile für Maskenträger und Geimpfte - die dadurch entzogenen Menschenrechte können den Masken- und Impfverweigerern als „selber Schuld" angehängt werden)*
- *Zwangsmaßnahmen wie Maskengebote, Sperrstunden, Begegnungsverbote bis in die Familien hinein, Abstandsregeln, Veranstaltungsverbote usw., die mittels Bußgelder bis hin zu Freiheitsentzug und polizeilicher Gewalt durchgesetzt werden*

Zusammengefasst sehen die gegenwärtigen Kritikabwehr- und Systemerhaltungsmaßnahmen ganz danach aus als wird ein weltumfassender Amok (erweiterter Systemsuizid) wenn nicht angestrebt so doch zumindest billigend in Kauf genommen. Ganz nach dem Motto: entweder kapitalistisch bis in alle Ewigkeit oder Untergang und Zerstörung aller sozialen und natürlichen Lebensgrundlagen. Der Irrtum dabei: die eigene Großartigkeit ist erstunken und erlogen und das System ist endlich, d. h. es steht seit einiger Zeit vor seiner eigenen inneren und damit unüberwindlichen Schranke.

Da es aber keine Krankheitseinsicht haben kann (sonst ekelte es sich vor sich selbst), setzt es alle seine zur Verfügung stehenden manipulativen, verführerischen und gewalttätigen Potenziale ein, um seine eigene historische Schranke zu durchbrechen. Weil das aber aus der eigenen Systemlogik heraus unmöglich ist, werden die Folgen dieses intensivierten Selbstzerstörens immer schmerzlicher spürbar.

Sehr bemerkenswert dabei ist, dass das, was die ultimative Systemkrise (die innere, unüberwindliche Schranke) hervorgebracht hat, - die massenhaft abgeschafften wertschöpfenden Arbeitskräfte mittels mikroelektronischer Rationalisierungsmaßnahmen, - nun durch zusätzliche Geldbeträge von vielen Billionen noch intensiver vorangetrieben werden. Statt mit der Motorsäge wird nun der Ast, auf dem das System hockt, mit Hochleistungsrobotern abgesägt.

Anders ausgedrückt: dem System wird von den eigenen, blind-fanatischen Funktionsträgern durch exponentiell gesteigerte Investitionen in digitalisiert-automatische Warenproduktionsstätten die eigene Wertschöpfungsfähigkeit bis zu den paar letzten Restbeständen entzogen.

Das ist freilich so dumm, als dass es für möglich gehalten werden könnte. Trotzdem geschieht nichts anderes! Und weshalb? Weil die eigene Großartigkeit unerschütterliche Gewissheit ist. Hochmut kommt vor dem Fall.

Somit hat die kapitalistisch „verhausschweinte" Menschheit ihren Entscheidungspunkt erreicht:

- *weiter so und Selbstzerstörung*
- *oder Ausstieg, sprich Heilung von ihrem narzisstischen Selbstbild.*

Der erste Schritt zur Heilung von diesem Irrsinn ist die Bereitschaft der Selbstreflexion inkl. der Empathie für eigenes und fremdes Leid. Dazu finden sich in dieser Website die Menüpunkte: Heilsein, Therapie und Hilfsmittel.

DIE THERAPIE

Hinschauen wie es ist, Bereitschaft zur Wandlung,
Traum vom Heilsein, Loslaufen und Solidarität

In unserer Welt gibt es Wahrheiten, nicht alles ist relativ. Zu diesen zählen offenbar die drei Kreise des Lebens, wie sie überall anzutreffen sind. So nimmt Leben etwas auf (Nahrung, Informationen), verdaut es und scheidet es wieder aus.

Ähnliches findet sich bei den Zyklen des Lebens, es reift heran, wird geboren und wächst oder es wird geboren, lebt und vergeht.

Solches Wissen ist für Therapien/Wandlungen/Heilung essenziell. Wir Menschen sind keine festgefügten, instinkthaften Lebewesen, wir sind wandelbar und sogar in der Lage, im Laufe des Lebens verschiedene Wege, Haltungen und Lebensweisen zu gestalten. Ja, wir sind sogar in der Lage uns von uns selbst zu entfremden und Rollen zu spielen bzw. verschiedene Charaktermasken zu leben. Engen uns die gelebten Rollen bzw. Charaktermasken zunehmend ein, erkranken wir, verhärten, werden dogmatisch oder eben narzisstische Persönlichkeiten.

Um aus diesen Entfremdungen bzw. Erkrankungen herauszukommen - falls der Wunsch dafür aufkommt - bedarf es das, was sich bei allen Wandlungen zeigt und notwendig ist:

- *ungeschminkt Hinzuschauen, wie es ist*
- *die Bereitschaft zur bedingungslosen Wandlung (Neugeburt)*

• *der Traum vom eigenen Heilsein*

Diese drei therapeutischen Punkte sind keine abstrakten Erfindungen sondern lassen sich, wie oben angedeutet, überall wo Leben ist, beobachten. Ein einfaches Beispiel sei die menschliche Geburt:

Ist der Embryo herangereift und findet keine günstigen Bedingungen des weiteren Wachstums mehr im Mutterleib (im bisher Gewohnten), braucht es die bedingungslose Bereitschaft, die Wehen/Presswehen bei der Mutter auszulösen (sie braucht diese Bereitschaft ebenfalls, sich dieser Kraft hinzugeben). Anschließend braucht es den Traum (Antrieb), laufen zu lernen, ganz gleich was es kostet (dieser Traum scheint in uns fest angelegt ... später, mit dem Aufwachsen erfordern solchen Wandlungen (Neugeburten) zunehmend bewusstere Entscheidungen und Träume, wie natürliche Prozesse der Wechseljahre entweder zuzulassen oder operativ bzw. hormonell zu unterdrückten.

Diese Wahrheiten können durchaus, bei allen zu beachtenden Unterschieden, auf die menschliche Gesellschaft übertragen werden. Gesellschaften wachsen, wandeln sich und vergehen wieder. Sie können künstlich geformt, sich von sozialen Bedürfnissen entfremden (Konkurrenz) und sich auch zerstören (Wertverfall). Im Gegensatz zu einem Menschen werden jedoch Gesellschaftsformen nicht zwingend und gesetzmäßig „geboren", sondern werden von Menschen geschaffen. Wie an anderer Stelle ausgeführt, musste Kapitalismus nicht zwingend entstehen, sondern wurde sogar gegen großen gesellschaftlichen Widerstand in einem geschichtlichem Prozess und opferreich durchgedrückt. Es hätte können auch zu einer anderen Geburt statt dieser kranken Missgeburt kommen können.

Und gerade deshalb ist neben dem Hinschauen und der Bereitschaft die menschlichst träumbarsten Vorstellungen (Traum vom ganzheitlichen Heilsein) von einer menschlichen und naturgerechten Gesellschaftsform so unabdingbar, um nach der Neugeburt (Ausstieg aus der kapitalistischen Gesellschaftsform) nicht in Chaos und Barbarei zu versinken. Sonst wäre nichts gekonnt und alles könnte so weiter gemacht werden wie bisher, was unweigerlich in die Barbarei führen würde. Genau so, wie die verweigerte Geburt, z. B. durch künstlichem Verschließen des Geburtskanals, zu chaotischen Zuständen (Krankheit) bis letztlich zum Tode (barbarischer Untergang) führen würde.

Nachfolgend die entsprechenden Menüpunkte, wobei ich das LOSLAUFEN der Verständlichkeit halber extra aufgeführt habe, obwohl es eigentlich zur Geburtsfolge zu zählen ist und sich stetig als neue, kleine oder größere Geburten vollzieht.

Hinschauen wie es ist
auch wenn es schmerzt

So einfach wie es klingt, ist es nicht: Hinschauen, wie es ist. Zu viele verinnerlichte Gewissheiten und Überzeugungen haben den Anschein unerschütterlicher Wahrheiten und doch ist es nur der vorgefilterte Blick der etwas ganz anderes wahrnehmen lässt als wie etwas ist.

Geld wird als Tauschmittel betrachtet und daher neutral angesehen. „Geld stinkt nicht", heißt es. Doch bei genauerer Betrachtung gibt es kein Geld an sich, ganz gleich welche Gesellschaftsform existiert sondern ganz unterschiedliche, epochenentsprechende Formen. Heute, im kapitalistischen Herrschaftssystem ist Geld Ausdruck des automatischen Selbstzweckes der Mehrwertschöpfung und seine Wertsubstanz speist sich aus verausgabter, menschlicher Arbeitskraft (Lebenskraft).

Weil dieses System auf Wert und Mehrwert gründet, geht ohne Geld nichts, nicht einmal die Befriedigung der einfachsten Bedürfnisse.

Neben seinem Wesen als greifbarer Wertausdruck verbrauchter Arbeitskraft fungiert Geld ebenfalls als universelles Tauschmittel, weshalb es auch Königsware genannt wird. Aber das ist nicht sein eigentliches Wesen. Als oben genannter Wertausdruck des kapitalistischen Systems, kann es vielmehr treffend als ein Fetisch, ein real wirkmächtiger Götze beschrieben werden, der unendliche Male mächtiger ist als jeder Götze unserer steinzeitlichen Vorfahren. Denn, Geld hat eine praktisch erlebbare, für jeden spürbare Macht, ganz gleich ob er daran glaubt oder nicht. Dieser werthaltige Realfetisch ist eine menschliche Schöpfung, die ihn mit Haut und Haaren beherrscht. Der Grund: Die Menschheit lässt sich ihre gesellschaftlichen Beziehungen von der Macht des Geldes diktieren, weshalb sie sich diesem unbewusst ausgeliefert gegenüber sieht. Damit beleben die Menschen das eigentlich tote Geld, und erschaffen damit einen höchst lebendig wirkenden Gott, der sie willkürlich zu strafen oder zu belohnen scheint. der zornige Gott der Bibel wurde im Geld wirkmächtig verwirklicht. Wer kennt nicht die Ausdrücke: Geld, regiert die Welt!" oder „Selbstheilungskräfte des Marktes"? Aber weder Geld kann regieren noch der Markt sich selbst heilen, das ist immer nur über das gesamtgesellschaftlich unbewusste Wirken der Menschen machbar. Wie offenbarend solche Redewendungen für den eigentlichen, fetischistische Charakter des Geldes im Besonderen und der Gesellschaftsform insgesamt, dem sich Menschen nahezu willenlos ausliefern. Geld und Markt werden nicht nur gottähnliche Kräfte zugedacht, wie einst hölzernen Götzen, sondern sie HABEN diese Macht real (von uns erhalten). So HAT Geld absolut reale Macht über Leben und Tod.

Demnach ist Kapitalismus wesenhaft weder eine Klassengesellschaft noch eine freiheitlich-demokratische Grundordnung oder sonst was, sondern ganz konkret, real sicht- und erlebbar eine gesellschaftliche Fetischform, welche auf dem Selbstzweck der Geldvermehrung, der Verwandlung von Leben in toten (Mehr-)Wert beruht. Und deshalb kann, solange es Kapitalismus gibt, die jetzige Geldform keineswegs neutral sein und von uns Menschen beherrscht werden. Ganz im Gegenteil wirkt es als versachlichter Herrscher über der gesamten Menschheit, ganz gleich wie es äußerlich erscheinen mag, als Metall, Papier oder digitale Zahleneinheit. Mit Geld ist eine fetischfreie, menschliche Gesellschaftsform NICHT machbar.

Vorher waren es personalisierte Fetische, wie Feudalherren, Gottkaiser usw. Und noch davor eben Geister und Götter. So kann gesagt werden, dass die bisherige Menschheitsgeschichte eine Abfolge von Fetischformen war und ist, welche in der jetzigen versachlichten Form, ihren endlichen Höhepunkt erreicht hat.

Das schonungslos zu betrachten und eben z. B. nicht mehr von der reinen Tauschware des Geldes auszugehen oder von den Gesellschaftsformen als solchen der Klassengesellschaften, ist hinschauen wie es ist. Klassenkämpfe haben Gesellschaften u. a. geholfen, sich jeweils auszuformen aber nicht, sie zu überwinden. Und sie haben eine Fetischform zur nächsten gebracht und keine Befreiung davon.

Jetzt offenbart sich etwas anderes: eine neue Fetischform ist nicht machbar, weil das Ausmaß der Unbewusstheit über die vorherrschende Fetischform nicht steigerbar ist. Jede Steigerung der abstrakt-fetischistischen Entfremdung hieße Tod (abstrakt = unsinnlich, tot). Somit kann nur der bewusste Bruch mit allen Fetischformen durch real-sinnliche Betrachtung der existierenden Gesell-

schaftsform, wie sie wirklich ist, ermöglicht und damit
der Menschheit Überleben gesichert werden. (Was die
Beseitigung jedes gesellschaftlich gegenwärtig bedingten
und zukünftig ebensolch zusätzlichen Leides beinhalten
muss.)

VORSICHT FALLE

Die erstaunlichste Selbsttäuschung der jetzigen Gesellschaftsform auf weltanschaulicher Ebene liegt sicherlich
in der nahezu unerschütterlichen Gewissheit, allen vor-
hergehenden Gesellschaftsformen himmelhoch überlegen zu sein. Was sich auf ihrer angeblichen Sachlichkeit
besonders in Wirtschaft und Wissenschaft gründet. Wie
wurden und werden Götzenanbeter belächelt? Und dabei
sind wir heute bei Strafe des finanziellen Existenz- und
damit Lebensverlustes alltäglich zum Götzendienst ver-
dammt. Denn ohne Besitz von Geld, also ohne Anerkennung dessen realgottähnlicher Fetischmacht, geht nichts.
Mit jedem ausgegebenen Euro wird Götzendienst geleistet usw. ob wir es nun wollen oder nicht.

Dass dies gesellschaftlich krank ist wie auch individuell krank machen muss, liegt auf der Hand. Und darum
erschüttert durchaus die Einsicht, dass die gesamte „auf-
geklärte" Menschheit (also jeder von uns) hinsichtlich ihres Fetischdienstes noch viel umnebelter und blind-auto-
matischer durchs Leben tapst als die angeblich dumpfen
Steinzeitmenschen.

Denn diese wussten um die Anbetung ihrer Götzen, wir
wissen es nicht (mehr).

Bereitschaft zur Wandlung
bedingungslos in Unvertrautes

Die Geburt eines Kindes geht recht dramatisch vonstatten. Die werdende Mutter kommt irgendwann an einem Punkt an dem sie sich bedingungslos den heranbrandenden Presswehen hinzugeben hat. „Lauwarm" und so nebenbei, als könne mal ein bisschen probiert werden, geht das nicht. Ebenso verhält es sich bei individuellen Heilungen und auch gesellschaftlichen Systembrüchen - und besonders jetzt bei der anstehenden Neugeburt der Menschheit, da sich das gegenwärtige Weltsystem mit Beißen und Krallen seinem näher rückenden Ende widersetzt.

Das sterbende Ungeheuer ist kreuzgefährlich. Deshalb braucht es enorme Kräfte, es zu überwinden. Diese Kräfte können nur aktiviert werden, wenn die Einsicht zur bedingungslosen Bereitschaft dazu vorhanden ist. Es braucht die Entschlossenheit, alles zu wagen, um als Menschheit und als Individuum zu überleben und das menschlicher als bisher. Denn das Risiko innerhalb und mit diesem System unterzugehen ist längst viele Male größer als das Risiko aus diesem herauszutreten und miteinander eine neue Gemeinschaft freier Menschen zu gestalten.

Heilung als eine Form des Lebens kann nur wie dieses in die Zukunft hinein fließen und diese ist stets unvertraut. Es kann Ahnungen geben und Wahrscheinlichkeiten aber niemals Gewissheit, wie sie zur Gegenwart wird. Ebenso ist es mit der Heilung und dem dereinstigen Heilsein. Von diesem Heilsein ist unbedingt zu träumen, wie unter diesem Menüpunkt beschrieben, doch wie sich

Soziale Notwehr

dieser Traum dann konkret verwirklicht und wie sich der Weg dahin gestaltet ist offen. Deshalb kann Heilung auch nicht planvoll erarbeitet werden, weshalb Heilarbeit eine logische und praktische Unmöglichkeit darstellt. genauso wie für keinen Mensch zu dessen Geburt gewusst werden kann, wie sich dessen Leben gestaltet. Dennoch wird es bedingungslos und mit aller Wehenmacht in diese noch unbekannte Welt, in diesen unbekannten Lebensweg hineingeboren. Anders kann es nicht sein, außerdem ist gerade diese Unvertrautheit die maximale Freiheit, die höchste Anzahl an Möglichkeiten zur Gestaltung des eigenen Lebensweges. Wäre der Lebensweg vorausgeplant, Arbeit gar, käme am Ende bloß ein Roboterwesen heraus und kein Mensch, falls er überhaupt am Leben bliebe.

Darum ist die bedingungslose Bereitschaft zur Heilung für jedes Individuum wie auch für menschliche Gesellschaften unabdingbar.

VORSICHT FALLE

Die bedingungslose Bereitschaft, etwas grundlegend verändern zu wollen ist redlich, aber allein nicht ausreichend. Dafür braucht es das Hinschauen wie es ist und die Träume vom ganzheitlichen Heilsein. Wird die theoretische Durchdringung der gegenwärtigen Gesellschaftsform als Fetischsystem nicht erkannt, sondern der aktuelle Rahmen als überzeitlich und quasi naturgesetzlich gedacht, drehen sich alle emanzipatorischen Bestrebungen letztlich ins Gegenteil um und werden reaktionär.

Darum ist praktischer Aktionismus ebensowenig sinnvoll wie abstrakte Theoretisiererei.

Die Bedingungslose Bereitschaft für den wagemutigen Schritt in Unvertrautes kann sich demzufolge nicht mehr auf Gewohnten beziehen sondern weist darüber hinaus. Andernfalls kann sie nicht leisten, wofür sie gebraucht wird. Grundsätzlich anstehende Wandlungen nur halbherzig anzugehen, kann zur Verstärkung der bisherigen Leiden führen, indem die dabei sehr wohl aktivierten Kräfte nicht ausreichen, um über den Knackpunkt hinwegzuhelfen. Sich mit solcher Pseudobereitschaft selbst und anderen etwas vorzumachen, kann als gefährliche Falle bezeichnet werden. So etwas geht oft genug nach hinten los.

Traum vom ganzheitlichen Heilsein

je kühner und lebensdienlicher, umso besser

Der Traum vom ganzheitlichen Heilsein ist keine Utopie, in der die Menschen an diese angepasst und zurechtgestutzt werden sondern eine Vorstellung von den Bedingungen die zu schaffen sind, unter denen sich jeder einzelne Mensch und die Gesellschaft als ganzes frei entfalten, erweitern und verändern kann OHNE das finanzielle und andere herrschaftliche Fetischformen notwendig sind bzw. dies voraussetzen. Dafür sind solche Voraussetzungen zu schaffen, die erst einmal alle natürlichen und sozialen Bedürfnisse befriedigen, die für alle Menschen gleichermaßen gelten. Auf diesen aufbauend sind solche Voraussetzungen und Freiräume zu schaffen, die allen Menschen ihre Selbstentfaltung und Sinnerfüllung ermöglichen - OHNE auf Kosten anderer, wie derzeit leider andauernd geschieht.

Frage:

- *Wie, abgesehen von den jetzigen, einschränkenden Bedingungen der finanziellen Existenzsicherung, stellen Sie sich Ihr individuelles Heilsein vor? Wie leben Sie, wie sind Ihre Beziehungen, wie kleiden Sie sich, was essen Sie, wie wohnen Sie und welche Tätigkeiten üben Sie aus (inkl. Hobbys)?*

Eine heile menschliche Gesellschaftsform steht ebenso wie eine kranke immer im Wechselspiel mit den sie ausmachenden Individuen. Daher kann eine menschliche

Gesellschaftsform nur mit menschlichen Menschen gestaltet werden, was heißt, dass diese zuallererst sich selbst die großen Fragen der Selbstheilung zu stellen haben:

- *Wie ist der aktuelle Zustand (also was will geheilt werden)?*
- *Ist die grundsätzliche Bereitschaft zur Heilung (Wandlung) vorhanden?*
- *Wie sieht der schönste Traum vom eigenen Heilsein aus?*

Nur dann kann auch gesellschaftlich solche grundlegend-nachhaltigen Veränderungen gestaltet werden, ohne dass in die alte Form (das alte Schema) wieder zurückgefallen wird, wie es bisher bei (fast) allen angestrebten Utopien erfolgte. Umgekehrt macht es keinen Sinn, die vorherrschenden Verhältnisse zu belassen und durch Menschen(ver)bildung allein eine neue Gesellschaftsform erzwingen zu wollen. Deshalb hat jede Umgestaltung hin zu menschlichen Beziehungen sich ausschließlich an sinnlich-konkreten und damit überprüfbaren Bedingungen von Bedürfnisbefriedigung, Erleben und Sinnerfüllung jedes Menschen und frei von aller Utopiererei zu orientieren. Hat ein Mensch Hunger, so muss er bedingungslos essen dürfen OHNE das es finanzielle und sonstige abstrakte Einschränkungen dafür gäbe. Genau so, wie jedes Neugeborene von seiner liebenden Mutter bedingungslos gestillt wird. Und wo das gegenwärtig auf Grund der unsäglich-kapitalistischen Zustände verhindert wird, müssen diese beseitigt werden. Ganz logisch und ein Akt der Barmherzigkeit!

Das ist deshalb erforderlich, weil offenbar alle Utopien zu menschenfeindlichen Gesellschaften führten und auch in Zukunft führen würden - es braucht nur an die Gräuel des vom Weltwirtschaftsforum beworbenen The Graet Reset gedacht zu werden. Darum lehne ich für eine notwendig zu gestaltende, menschliche Gesellschaft jede Utopie (Wortbedeutung: Utopia = Nicht-Ort, unrealistisches Wunschbild) ab. Mit Utopien scheint der Zwang daher zu kommen, Menschen an diese zurechtstutzen zu müssen. „Natürlich immer nur zum Besten aller ... die paar nötigen Opfer."

Vielmehr sollte sich deren Gestaltung an allseits bekannte natürliche und soziale Bedürfnisse orientieren und in einem ständigen, praktischen Aneignungsprozess (Verringerung der Entfremdung) verwirklicht werden. Es geht um Bewahrung und Heilung der Menschen UND der Natur von allen abstrakt-realen Zwängen.

Weil es wegen der Vielfalt der Interessen, Eigenheiten und Erfordernisse keine einheitliche Systemlösungen geben kann, also die anzustrebende menschliche Gesellschaft kein System wie bisher mehr sein kann, bedarf es vieler, bedürfnisorientierter Ansätze (eine Metallfirma braucht etwas anderes wie ein Bäcker oder ein Krankenhaus - entgegen der jetzigen Systemzwänge, die weltweit sich am Mehrwert orientieren und Krankenhäuser sogar während der „Corona-Krise" wegen fehlender Rentabilität geschlossen werden, was gerade jetzt offenkundig völlig falsch ist, um z. B. Gesundheit zu erhalten, wie politisch-medial großspurig behauptet).

Außerdem ist aus der Natur dieser Sache heraus ein einzelner Mensch gar nicht in der Lage, allgemein umfassende Antworten für jetzt und zukünftig zu geben. Es erfordert die Betrachtung der ganzen Vielfalt durch die Menschen vor Ort und den Abgleich auf die menschlichen und natürlichen Bedingungen zur Bedürfnisbefriedigung von Menschen und Natur.

Darum meine Fragen an Sie:

- *Was werden Sie denken, wann Sie erstmals wieder in einem öffentlichen Raum sitzen - Sie ohne Maske und alle anderen um sie herum auch - und keine Angst mehr fühlen?*
- *Wie stellen Sie sich Ihre persönlich ganzheitliche Gesundheit vor?*
- *Wie würden Sie leben, welche Tätigkeit ausüben, mit welchen Menschen zusammen sein usw. wenn es nur nach Ihren kühnsten Träumen von Ihrem Heilsein abhinge (ohne Selbstzensur und ohne Rücksicht auf Realisierungsmöglichkeiten beantworten)?*
- *Wie stellen Sie sich Ihr Leben und eine Gesellschaft vor, in der es weder Geld, Lohnarbeit noch Warenkonsum gibt und dennoch für alles gesorgt ist, was jeder Mensch braucht und sich wünscht?*

Des einen Heil darf nicht auf des anderen Unheil fußen!!! Darum ist Demokratie im jetzigen Sinne absolut ungeeignet für eine menschliche Gesellschaft (im ungünstigsten Fall bestimmen 51 % über 49 % ... was ist daran gerecht und menschlich?) und noch weniger diktatorische

Herrschaftsgebilde. Beide Seiten einer Medaille beruhen auf dem Selbstzweck der Geldvermehrung und haben für diesen die unmenschlichen Bedingungen zu schaffen. Darum kann und ist die so genannte Demokratie nie das, für welches sie landläufig gehalten wird. Nicht Demokratie ist wiederherzustellen, sondern eine menschliche Gemeinschaft OHNE Zwang und Ausgrenzung jenseits ALLER Herrschaftssysteme und Selbstzweckprozesse, wozu im besonderen der Realfetisch: Marktwirtschaft zählt.

VORSICHT FALLE

Die größte Gefahr beim kühnsten Träumen von Ihrem individuellem und dem gesellschaftlichem Heilsein liegen in der verinnerlichten Beschneidung, was Ihnen zusteht bzw. was angeblich unabänderlich sei bzw. was am fehlenden Geld scheitern muss. Lebensträume sollten ebenso frei und kreativ sein, wie Träume im Schlaf. Also lassen Sie ALLES zu, was Ihnen wohltuend, belebend und heilsam erscheint. Auf Realisierbarkeit können Sie es anschließend immer noch überprüfen.

Bedenken Sie, dass das existierende, vermeintlich einzigartigste Gesellschaftssystem gerade mal drei, vier, fünf Jahrhunderte existiert und auch Geld weder schon immer da war noch sein wird.

Erst wenn wir es für möglich halten, dass sich eine menschliche Gesellschaft solcher Beziehungen bedient, die auf Menschen- und Naturbedürfnisse gründet anstatt auf Finanzierungs- und Rentabilitätszwänge, kann diese auch erreicht werden.

Loslaufen um Laufen zu lernen
praktische Aneignung der neuen Form

Die Aufgabe der gesellschaftlichen Befreiung von der gegenwärtigen Fetischform, die vor der Menschheit steht, erscheint so erdrückend groß, als dass sie machbar erscheint. Ähnlich fühlen einzelne Menschen, die in eine Lebens- und Sinnkrise geraten sind. Auch deshalb werden meist die Lösungen im Bekannten gesucht, so eben, wie man es immer gemacht hat. Geht das nicht mehr, kann Resignation, Aggressivität bis hin zu Selbstmord die Folge sein ... wenn ... wenn nicht trotz aller scheinbaren Unmöglichkeit aus der Krise herauszukommen ein ungewöhnlicher, fast verrückt erscheinender Schritt hinaus aus dem ganzen Gewohnten gewagt wird. Das kann natürlich mit Todesängsten einhergehen, weil in diesem Zusammenhang das bisher stabilisierende Selbstbild in Gefahr gerät, was oft mit der Gefahr des biologischen Todes gleichgesetzt wird.

Irgendwann aber ist das Alte, untauglich Gewordene, was einst womöglich hilfreich und entwicklungsfähig war, so eng und verfallen, dass es nun die tatsächliche Bedrohung für Leib und Leben darstellt ... und das Wagnis in unbekannte Lebensräume (hineinzuträumen und) hineinzugehen, inzwischen viel risikoärmer geworden ist als eben im Bisherigen zu verharren.

Wird keine menschlich bewusste und kreative Entscheidung für das Leben getroffen, stauen sich die dennoch unaufhaltbar weiterfließenden Lebenskräfte weiter auf, bis sie sich zu den bereits sichtbaren Krisensymptomen oft schubartig und chaotisch entladen. Bei Individuen kann das z. B. ein Herzinfarkt, Krebs oder Suizid sein, gesellschaftlich Finanzkrisen, Staatsinsolvenzen, Aufstände, Bürgerkriege oder regelrechte Zusammenbrüche mit verbrecherischen Warlord-Strukturen.

VORSICHT FALLE

Oft wird das erwünschte Ziel des Heilseins mit den aktuellen, kriselnden Zuständen verglichen und der gewaltige Unterschied wie ein unüberwindlicher Berg gesehen. Dabei wird verkannt, dass auch der beste Bergsteiger aller Zeiten jeden zu ersteigenden Berg mit einem ersten Schritt beginnt, dem viele, auch irrige, rückwärtsgewandte und verweigerte Schritte folgen. Dabei gibt es Zweifel, resignierende Momente, Wut, Gleichgültigkeit usw. Das der Bergsteiger dennoch den Gipfel erreicht und wieder herunter kommt, liegt an seinem Ziel, dem Traum vom erstiegenen Gipfel und der bevorstehenden Freude, diesen Erfolg anschließend mit anderen erzählend zu teilen.

Eine Falle liegt in der Vorstellung, jeden Schritt ebenso genau zu kennen, wie nur einen unmöglich großen dafür zu benötigen.

Eine weitere Falle findet sich im Glauben, das selbst nicht zu schaffen und von anderen Dingen bzw. Menschen „getragen" werden zu müssen.

Es ist zu bedenken, wie wenig laufen lernende Kinder wissen, wie das geht und wohin sie ihre neue Beweglichkeit mit welchen Gefahren sie führen kann. Dennoch laufen sie los, stehen immer wieder auf, ganz gleich wie oft sie gefallen sind. Die Lust auf das Leben, auf neue Entdeckungen und Erfahrungen ist so unbändig, als jede Anstrengung und jede Beule vermeiden zu wollen und liegen zu bleiben.

Leider ist zu beobachten, dass viele Erwachsene erst gar nicht versuchen loszugehen, aus Angst vor jedem blauen Fleck. Aber der kommt gewiss, wenn sie liegen bleiben ... Dekubitus.

In eigener Sache zu diesem Buch

Übrigens, auch mit diesem Buch zur Gründung einer sozialen Massenbewegung loszulaufen, scheint ein völlig aussichtsloses Unterfangen zu sein. Wer will schon das gewohnte System aufgeben und wie soll dieses vermeintlich übermächtige und gewalttätige System mit so einem lächerlich unbedeutenden Buch gestoppt und abgeschafft werden können? Schlicht, ohne ersten Schritt kein zweiter, ohne ersten Schritt Verzicht auf die unendlich vielen, unbekannten Möglichkeiten! Und deshalb mache ich mir die Mühe, auch wenn ich tausend Zweifel an deren Erfolg habe. Die 1001 Möglichkeit wird womöglich der Erfolg.

Solidarität, Barmherzigkeit und Mitgefühl
*Ganzheitliches Heilsein kann nur gemeinschaftlich
erreicht werden*

Natürlich rumort es im Lande Deutschland und noch
mehr weltweit. Nach allem, was ich sehe und mir auch
von Augenzeugen berichtet wird, erschöpfen sich leider
viele Bewegungen; Demonstrationen und Widerständig-
keiten größtenteils in (narzisstisch) egozentrischen Be-
findlichkeiten. Zu gut Deutsch: es geht meistens nur um
„den eigenen Arsch" und ums Niedermachen vermeintli-
cher bzw. auch wirklicher Feinde.

- *Aber mal ganz direkt gefragt: Wie soll etwas individuell und gesellschaftlich gut werden, wenn das
gegen und auf Kosten anderer Menschen erreicht
werden soll?*

Das ist doch längst alltägliche Gewohnheit und das hat
ja die Menschheit an diesen miserablen Punkt in ihrer
Geschichte gebracht, den wir jetzt auch hier in den westlichen Kernländern des Kapitalismus am eigenen Leibe
erleben. Mal abgesehen von den Krisengewinnlern und
Leichenfledderern, die es in diesem verrückten System natürlich schon immer gab. Aber in der Mehrzahl der Länder auf Erden ist doch das Elend längst schon Alltag, wie
auch innerhalb unterer Schichten hier im Westen. Aber
davor machen die vielen, vermeintlichen Rebellen ebenso
die Augen zu, wie noch wohlhabende Mittelständler und
esoterische Schönfärber. Ich kann den Satz: „Wir sind die
Auserwählten!" nicht mehr hören, weil damit Leid und

Tod für all die vermeintlich nicht auserwählten billigend in Kauf genommen wird. Hauptsache „der eigene Arsch" werde gerettet. Was für eine Chance allein die Millionen verhungernden Kinder haben sollen, sich für das Universum, die Liebe und den Reichtum entscheiden zu können, muss mir erst noch jemand erklären, wenn sie bereits bis zu ihrem fünften Lebensjahr grausamst gestorben sind.

So werden Migranten verteufelt und im Mittelmeer ertrinken gelassen. Auch wurde jüngst bekannt, dass zusätzlich zu den alle zehn Sekunden an Hungers sterbenden Kindern bis fünf Jahren, nun für die so genannten Corona-Maßnahmen (im Namen des Gesundheitsschutzes) noch einmal zwischen 6.000 und 10.000 Kindern qualvoll Hungers umkommen. Genaues weiß man nicht, was an sich verräterisch für westlichen Hochmut und Mitleidlosigkeit steht.

Ähnlich zeigen sich die meist doch recht wohlständischen jungen Klimaaktivisten, welche den Erhalt ihrer Zukunft fordern (an sich verständlich), würden sie auch nur einen Gedanken daran zu verschwenden. dass in den verfallenden Ländern des Südens und anderen Weltregionen eine solche Zukunft selbst für Gleichaltrige derzeit längst nicht mehr existiert.

- *Hören Sie genau hin, was auf Demos gesagt und wer wie beschuldigt wird sowie worin die Ursachen gesehen werden.*
- *Überlegen Sie, ob es möglich ist, eine heile Welt zu erlangen, auf Kosten Anderer.*

- *Denken Sie darüber nach, ob es möglich ist, wieder dahin zurück zu gehen, wie vor der Corona-Krise, in die Zeit, die die jetzige Krise heranreifen ließ.*

Wegen der leider wenig schmeichelhaften Beobachtungen bzw. Antworten aus vorstehenden Anregungen. sind zwei der Kriterien jeder menschlichen Bewegung in Gegenwart und Zukunft:

- *Mitgefühl UND bedingungslose Solidarität für alle Schwachen und Leidenden auf der ganzen Erde. Punkt!*

Alles andere kann sonst in der Pfeife geraucht werden, weil es die alltägliche Konkurrenz bloß mit anderen, schöneren Worten fortsetzt.

VORSICHT FALLE

Auch, wenn es Dummköpfe und böswillige bis grausame Politiker und sonstige Personen der Machthabenden Funktionseliten gibt, sind diese doch ebenfalls dem kapitalistischen Selbstzweck und der Fetischform unterworfen. Anders geht es für keinen einzigen Lebenden auf Erden.

Darum macht es zwar Sinn, auf alle Blöd- und Gemeinheiten ebenso hinzuweisen und offenbar zu machen, wie auf alle Verbrechen.

Aber es macht KEINEN Sinn und ist höchstgefährlich, wenn solche projektiven Blöd- und Gemeinheiten samt deren Verursacher als eigentliche Ursache für die krisenhaften gesellschaftlichen Zustände bzw. die sich verstärkende Krise angesehen werden.

Bei allen Wechselwirkungen oberflächlicher Krisenerscheinungen und vermeintlich individuell Verantwortlichen mit den strukturellen Krisenprozesse des Gesamtsystems, ist es doch diese weltweit herrschende und von ALLEN Menschen automatisch-unbewusst vollzogene Daseins- und Wirtschaftsweise, welches schonungslos dafür verantwortlich gemacht werden muss und verlassen. Ich habe hier an anderer Stelle ausführlich darüber geschrieben.

Werden projektiv einzelne Menschen, Gruppen, Völker usw. als Verursacher ausgemacht, kann das nur in die Hose gehen. Der faschistisch-industrielle Massenmord an den Juden sollte Mahnung für solche Schuldzuweisungen sein. Denn weder die Bundeskanzlerin Merkel oder die Vorsitzenden der systemrelevanten Banken haben allein die Macht, dieses System am Laufen zu erhalten, wenn nicht alle Menschen es alltäglich leben würden, auch Sie und ich. Sollen in Zukunft etwa die Banker, Börsianer, Politfunktionäre durch die Straßen gejagt und aufgeknüpft werden? Was wäre damit gewonnen, abgesehen von der Schuld und dem Leiden? Die mörderischen Jäger würden doch bald die neuen Funktionäre, Gesellschafter, Banker und Börsianer stellen!

Deshalb eben, ist es höchste Zeit für Mitgefühl, Barmherzigkeit und bedingungslose Solidarität für ALLE Men-

schen, auch jene, welche Beides nicht (mehr) kennen bzw.
für nötig erachten. Was nur mit der Erkenntnis um Wesen
und Form des kapitalistischen Weltsystems möglich gemacht werden kann. Allein dieses ist verurteilenswert und
abzuschaffen aber doch NICHT die Menschen!

Soziale Massenbewegung gründen
Die Zeit ist überreif dafür

Weit und breit ist keine soziale Massenbewegung in Sicht, die den menschlichen Ausstieg aus der gesellschaftlichen Fetischform (kapitalistische Daseins- und Wirtschaftsweise) anstrebt und gleichzeitig darum ringt, allen Menschen bereits jetzt ihre Würde wieder zu geben und die natürlich-sozialen Bedürfnisse bedingungslos zu erfüllen. Nahezu alle sichtbaren Ansätze und Gruppen kneifen davor, suchen Lösungen im bestehenden System oder in untergegangenen Versuchen.

Es wird also Zeit und diese ist überreif dafür, eine wertesystem- und utopiefreie Daseinsweise anzustreben, die auf Basis theoretischer Negativkritik des kapitalistischen Systems überwindet und praktische, sinnlich-konkrete Wege einleitet, um

1. *jetzt bereits innerhalb des herrschenden Weltsystems unmenschliche Bestrebungen der Machteliten zu verhindern bzw. solche Zustände zu lindern oder ganz zu beseitigen und*
2. *diese Vorgehensweise mit Blick auf eine anzustrebende menschen- und naturgerechten Daseinsweise abzugleichen.*

(„Negativkritik" deshalb, um nicht wieder am Köder des Systems zu zappeln - dafür eignet sich besonders die treffende Theorie der Wert-Abspaltungs-Kritik)

Von allein kommt nach dem Zusammenbruch des kapitalistischen Weltsystems keine menschliche Gemeinschaft konkreter Individuen, Gruppen und Völker. Deshalb muss diese bewusst gestaltet werden. Andernfalls kommen wir inzwischen der Barbarei näher als uns lieb sein kann.

Weil jedoch noch nie eine solche Lebensweise auf dem jetzigen gesellschaftlichem Niveau angegangen wurde, ist auch die dafür zu findende menschliche (soziale) Massenbewegung nicht mit den bekannten Formen (z. B. Vereine, Parteien, Unternehmen) realisierbar sondern deren Form muss bereits vom Ansatz her konsequent menschlich, absolut bewusst-freiwillig und bei Wahrung der konkret-sinnlichen Vielfalt des Menschen und aller Natur gefügt werden, so, wie ein Orchester ohne Dirigent seine eigene, harmonische Melodie findet, indem es diese Harmonie (sprich Menschlichkeit) sich zum Ziel setzt und sich auf diesen, noch unbekannten Weg dorthin einlässt.

Deshalb versteht sich dieser Aufruf (diese Website) als Samen, der ständig wächst und sich entfaltet. Damit er das kann, sollen hiermit die Bedingungen entdeckt und geschaffen werden. Viele sind bereits bekannt, wie bedingungslosen Erfüllen der Grundbedürfnisse: essen, trinken, atmen, kleiden, wohnen, schützen, heilen, gestalten ...

Sie und dergleichen bedingungslos zu erfüllen, OHNE Rücksicht auf Rentabilität und Finanzierbarkeit, auch bereits jetzt innerhalb des kapitalistischen Weltsystems und immer im Blick für das Menschliche danach, soll und muss diese Massenbewegung stehen.

Wir Menschen haben ein Rückgrat um aufrecht durchs Leben zu gehen, körperlich und seelisch. Das stellte den Einzelnen schon immer vor die Entscheidung, sich anpassend unterzuordnen oder erhobenen Hauptes seinen eigenen Weg zu gehen. Diese Entscheidung nimmt nun, da es offenbar darum geht, der gesamten Menschheit das Kreuz zu brechen, eine existenzielle Bedeutung an: entweder mit dem Kapitalismus untergehen oder das Wagnis eingehen, einen menschliche Weltgemeinschaft aufrechter Menschen zu gestalten.

Aufrecht oder Untertan?:

- *Fühlen Sie sich gegenüber der durchgesetzten Lebenseinschränkungen auch so hilflos wie ich, so entmündigt, gegängelt, verhöhnt und entwürdigt?*
- *Wundern Sie sich ebenfalls, wie Ihr Immunsystem im Namen des Gesundheitsschutzes durch Angstmacherei, Kontaktbeschränkungen, Maskierungszwang und andere, unmenschliche Maßnahmen geschwächt wird?*
- *Fehlt Ihnen gleichfalls das Verständnis dafür, dass selbst sinnvolle Therapeutische Alternativen, wie immunstärkende Heilpflanzenanwendungen rücksichtslos verteufelt werden?*

Ja? Wenn Sie demnach das Über-Ihren-Kopf-Hinweg-Regieren genau so satt haben wie ich, dann wird es höchste Zeit die eigene Macht in einer Gemeinschaft von Menschen zu finden, um eine menschliche Massenbewegung hervorzubringen, die allen unmenschlichen Zwangsmaßnahmen samt deren Durchsetzern friedlich „in den Arm fallen" sollte.

Stellen Sie sich vor, was bereits 1 Prozent der hiesigen Bevölkerung in Einigkeit bewirken könnte! 800.000 Menschen, die sich nun verweigern, gegeneinander als vereinzelte Konkurrenten zu kämpfen sondern miteinander in einer Gemeinschaft für Menschlichkeit wirken!

Deshalb weiter unten mein Gründungs- und Teilnahmeaufruf!

VORSICHT FALLE

Es beherrscht ein Irrglaube viele Menschen, dass Überwindung einer alten und die Schaffung einer neuen Gesellschaftsform mit einem fertigen Plan auf Basis einer Ideologie, quasi kaufbar von der Stange, vollzogen werden kann und geleitet von (angeblich) übermenschlichen Genies. So mochten frühere Revolutionen abgelaufen sein, gebracht haben sie häufig noch mehr Leid und oft genug Festigung der alten Verhältnisse im neuen Mäntelchen.

Darum braucht es keine willige Masse, die irgendwelchen Führern gedankenlos hinterher rennt, sondern individuelle Heilwege, die sich gesellschaftlich ergänzen und menschlich miteinander wechselwirken.

Wohl jeder Mensch träumt davon, ganzheitlich heil zu sein und ein lebendiges und sinnerfülltes Leben zu führen. Genau dafür sind die Bedingungen zu schaffen, weshalb das Heilen bzw. Heilsein jedes Einzelnen Maßstab zu sein hat und die Möglichkeiten bietet, die gesellschaftlichen Beziehungen dafür zu gestalten.

Um bei dem Orchesterbeispiel zu bleiben: Kennt jeder Musiker die Melodie (des Lebens), wird das Orchester aus sich selbst heraus in der Lage sein eine, alle Musiker belebende Sinfonie zu spielen.

GRÜNDUNGSAUFRUF

für den Ausstieg aus der kapitalistischen Daseins- und Lebensweise zur Wiederherstellung von ganzheitlicher Menschlichkeit (individuell und gesellschaftlich).

Der Ausstieg erfolgt unter zwei Voraussetzungen:

- *Bruch mit der braven Anbiederung und Bruch mit der untauglichen „Einsicht" an die Notwendigkeit, alles gehe nur bei Finanzierbarkeit - jede Aktion muss sich dem verweigern.*
- *Alle Aktionen erfolgen in Hinblick auf den grundsätzlichen Bruch mit dem bürgerlichen Rahmen (Selbstzweck der Geldvermehrung) und der praktischen Aneignung des eigenen und des gesellschaftlichen Lebens (menschen- und naturgerechte Daseins- und Wirtschaftsweise).*

Beide Punkte haben NICHT zum Ziel, chaotische Zustände zu schaffen, sondern so sanft und behutsam wie möglich die gesellschaftlichen Beziehungen zu transformieren. Was natürlich nicht ohne Brüche und Verwerfungen geht.
Aber, um ein Beispiel aufzuführen, müssen die regionalen bis globalen Nahrungsversorgungsketten grundsätzlich so lange „kapitalistisch" erhalten bleiben, bis funktionierende Alternative eingerichtet sein werden. Und, ebensowenig kann ich einen Sinn erkennen, Fensterscheiben einzuschlagen und Autos anzuzünden, zumal es meist die am wenigsten Verantwortlichen trifft.

Eine Kurzbeschreibung des gegenwärtigen Systems:

- *Kapitalismus = maximale Entfremdung, weil Auslieferung an Wert-Fetisch = maximale Enteignung des eigenen individuellen Lebens = KEINE bewusste Gestaltung der grundlegend gesellschaftlichen Beziehungen, weil diese zeitlich überhistorisch geglaubt werden.*

Die angestrebte menschliche Massenbewegung hat sich jeglicher finanziellen Ausrichtung, Aneignung und Unterwerfung zu verweigern. Ihr individuell-gesellschaftlicher Anspruch darf weder Inhalt noch Form der Menschlichkeit widersprechen. Darum bedarf es weder Mitgliedsbeiträge noch finanzielle Voraussetzungen für die Teilnahme. Alles wird aus persönlichem Antrieb für ganzheitliches Heilsein (wozu auch geheilte Natur gehört) und damit auch auf diese Weise freiwillig finanziert.

- ***Individuelle Heilung = Gesellschaftliche Heilung.***

Dennoch auftretende Kosten sind stets gemeinschaftlich und vorab zu besprechen und nach hundertprozentigem Einvernehmen zu realisieren.

Es wähle vorerst nur fünf Kriterien zur Teilnahme bzw. Unterstützung:

1. *Friedlichkeit (was dennoch aktiven Widerstand beinhaltet, (wie z. B. auch „Festhalten" der offenbar wahnsinnig gewordenen Funktionseliten, damit diese nicht den Roten Knopf drücken können)).*

2. Einzelwohl = Gemeinwohl, (die Massenbewegung darf für ihre Ziele niemals auf Kosten auch nur eines verletzten bzw. toten Menschen gegründet werden ... nicht einmal gedanklich in Kauf nehmen wollen). Jede Form von rechter Unmenschlichkeit sowie Nationalismus, Rassismus und jede sonstige Missachtung von anderen Menschen ist entschieden abzulehnen!

3. Menschenwohl ist weit und so sinnvoll wie möglich in Einklang mit Naturwohl zu bringen.

4. Orientierung an der Wert-Abspaltungs-Kritik.

5. Einsatz für eine menschliche Lebens- und Wirtschaftsweise jenseits von Geldvermehrung, Wert und Wertabspaltung der nicht verwertbaren Bereiche.

Wenn Sie sich, bei allen individuellen Träumen und Vorstellungen, damit Identifizieren können und diese auch mit einbringen oder nur dabei sein möchten, dann beginnen Sie vielleicht auch bei sich einen lokalen Kreis (Gruppe) zu knüpfen. Aus vielen solchen, sich berührenden, zusammenfügenden und verstärkenden Kreisen, von familiären über freundschaftlichen und nachbarlichen bis landesweiten und kontinentalen, kann sich die angestrebte, eingreifmächtige soziale Massenbewegung bilden.

Die gegenwärtige Aufgabe der sozialen Massenbewegung

Bewahren und Durchsetzen aller menschlichen und natürlichen Grundbedürfnisse

Jede systemkritische, eine menschliche Daseins- und Wirtschaftsweise anstrebende Bewegung muss sich daran messen lassen, ob sie die Lösung innerhalb der kapitalistischen Gesellschaftsform und mit deren Mitteln erreichen oder diese grundsätzlich verlassen will. Was heißt, alle gegenwärtigen Bemühungen und Bewegungen für Mensch und Natur können nur emanzipatorisch sein, wenn sie die zukünftige Aufgabe (menschliche Daseins- und Wirtschaftsweise) als Ziel definieren und deren Erfordernisse stets im Blick haben. Siehe Menüpunkt: Die zukünftige Ausgabe der sozialen Massenbewegung.

Es geht gegenwärtig darum, sich um menschliches und natürliches Wohlergehen einzusetzen, Widerstand zu leisten OHNE auf Finanzierbarkeit und Rentabilität zu achten. Haben Menschen nichts zu essen, dann hat die gegenwärtige Massenbewegung alle ihre friedlichen Möglichkeiten zu mobilisieren, um den Hunger zu stillen. Gleiches betrifft trinken, wohnen, Schutz usw. Von Demonstrationen über Verweigerung bis hin zu generalstreikähnlichem Einschreiten im Falle angedrohter bzw. eingesetzter Gewalt der herrschenden Funktionseliten und notfalls durch Inbesitznahme der notwendigen Waren und Strukturen zur Bedürfnisbefriedigung. Was nicht heißt, einfach mal so anderer Menschen persönliches Eigentum wegzunehmen, sondern solche, z. B. aus markttaktischen Gründen massenhaft vorenthaltenen Waren und Überproduktionen. Nicht die Eigentumsfrage an sich führt zum Ausstieg aus dem kapitalistischen Weltsystem, was ja mit dem Untergang der realsozialistischen Ostblockstaaten bewiesen wurde, sondern das Anhalten des gesamten Selbstzwecks der Geldvermehrung und Wertrealisierung:

- *abstrakte Arbeit > Warenproduktion > Konsum > Mehrwert > Reinvestition > mehr abstrakte Arbeit > mehr Warenproduktion > mehr Konsum > mehr Mehrwert > mehr Reinvestition > **und immer so weiter**.*

Auch ist das zur grundsätzlichen Bedürfnisbefriedigung erforderliche Geld (welches gegenwärtig selbstverständlich noch existiert und notwendig ist) einzufordern bzw. von den Einrichtungen anzueignen, die dieses eigentliche gesellschaftliche Eigentum aufbewahren. Das hat nicht die oft beschworene Umverteilung von Geld zum Ziel und es ansonsten da sein zu lassen, also den Reichen wegnehmen und den Armen geben, was nur die Rollen vertauschen würde und häufig aus Neid zu Mord und Totschlag führen würde. Es geht um die gegenwärtige Bedürfnisbefriedigung in Hinblick späteren Abschaffens auch des Geldes als Ausdruck des kapitalistischen Wertesystems und Teil des genannten Selbstzwecks.

- *Übrigens, ein ungeschönter Blick auf die Klassenkämpfe der Vergangenheit wie auch die Intentionen der jetzigen, wohlsituierten LINKEN verrät, wie vielmehr Neid und Konkurrenzdenken den Antrieb dafür bildete und bildet,*

Reichtum umzuverlagern. Es geht darum, selbst darüber zu verfügen. Auch das hat die einstig sozialistische Nomenklatura zur genüge bewiesen. Offenbar ist die jetzige LINKE noch nicht über 1989/1990 hinaus gekommen.

Weshalb halte ich die gesellschaftliche Aneignung gesellschaftlichen Reichtums zur Bedürfnisbefriedigung für rechtens? Schlicht, wenn für den Erhalt lebloser Banken und Großunternehmen Billionen gedruckt und verteilt werden, dann kann es keinen menschlichen Grund geben, das nicht erst recht auch für die bedürftigen, lebenden Menschen selbst zu tun.

Außerdem sei betont, dass für diese gegenwärtige Aufgabe und die zukünftige es wesentlich vorteilhafter ist, in einer halbwegs funktionierenden bürgerlichen Demokratie zu wirken als in einer enthemmten Diktatur. Allerdings darf die Bewahrung bzw. Wiederherstellung demokratischer Grundrechte (siehe Corona-Maßnahmen) nicht Ziel und Erfüllung der gegenwärtigen Aufgabe der sozialen Massenbewegung sein, sondern die menschliche Überwindung dieser kapitalistischen Systemerhaltungsstrukturen.

VORSICHT FALLE

Ich sehe zwei große Fallen, die bisher vielen, wenn nicht allen emanzipatorischen Bewegungen zum Verhängnis wurden:

1. sich auf Finanzierungs- und Rentabilitätsdiskussionen bzw. -zwänge eingelassen zu haben.
2. Demokratie an sich als unübertrefflich menschliche Herrschaftsform und außerhalb der kapitalistischen Gesellschaftsform, quasi als überhistorisches Neutrum, wahrzunehmen und damit immer wieder unhinterfragt rückwärtsgewandt anzustreben und als Heiligtum zu tabuisieren.

Aber Demokratie schafft die Bedingungen für die Realisierung des kapitalistischen Selbstzwecks der Geldvermehrung durch verinnerlichte Diktatur (Selbstbeherrschung für die mehr oder weniger freiwillige Selbstverwertung als automatische Funktionseinheit). Dass jetzt die Demokratie wieder totalitär-diktatorische Züge annimmt, hat etwas mit dem Wertverfall des Gesamtsystems zu tun, wodurch Wertbesitz und Selbstwert der Individuen an Kraft verlieren, um sich weiterhin freiwillig für die Geldvermehrung selbst zu unterdrücken. Weshalb auch die Demokratie mit ihren freiheitlichen Grundrechten an Kraft verliert, die Menschen weiterhin freiwillig für den Selbstzweck funktionieren zu lassen. Somit würde ein angestrebtes gesellschaftliches Endziel, wieder zur „normalen" Demokratie (vor „Corona") zurückzukehren, ebenso in den Abgrund führen, wie eine zugelassene Diktatur.

Was ansteht ist, Demokratie von allen kapitalistischen Durchdringungen zu befreien und herrschaftsfrei menschlich zu erweitern. Ziel ist das, was unter Demokratie volkstümlich eigentlich verstanden wird: eine gerechte und menschliche Form des Zusammenlebens. Wofür es eines neuen Begriffs bedürfte, den ich aber nicht kenne bzw. noch nicht gefunden habe.

... und lassen Sie sich nicht ins Bockshorn jagen, wenn Ihnen wegen Ihres Traumes von einer menschlichen Gesellschaft unterstellt wird, sie wollen bloß eine Diktatur oder zur DDR zurück. So etwas ist argumentativ nicht nur erbärmlich und phantasielos sondern inhaltlicher Schwachsinn.

Die zukünftige Aufgabe der sozialen Massenbewegung
Praktische Gestaltung einer wertfreien menschlichen Gesellschaftsform

Die zukünftige und offenbar gar nicht ferne Aufgabe (womöglich steht sie wegen der beschleunigten Dramatik des kapitalistischen Systemverfalls bereits jetzt an und verwebt sich mit der gegenwärtigen Aufgabe) kann keine andere sein, als die Überwindung des kapitalistischen Selbstzwecks der Geldvermehrung samt aller, darauf beruhenden Daseins- und Wirtschaftsweisen.

Was natürlich nicht heißt, alles zu vernichten und wieder mit dem Faustkeil anzufangen, aber sehr wohl alles auf Tauglichkeit für ein menschlich sinnvolles, lebensfreundliches und naturbewahrendes Leben radikal kritisch zu überprüfen. Warum sollte Mozart oder Pink Floyd verworfen werden, obwohl sie der Neuzeit zuzurechnen sind?

Was bei Anlegen der sinnlich-konkreten Kriterien von Menschlichkeit Bestand hat, wird erhalten. Ebenso sind während der Übergangszeiten die vorhandenen kapitalistische Strukturen, wie z. B. lokale und globale Handelsketten kontrolliert aufrechtzuerhalten, bis sie durch entsprechende neue Formen abgelöst werden können. Es nützt keinem etwas, die jetzigen Vernetzungen (z. B. global-kapitalistische Handelsketten der Nahrungsgüterversorgung) blindwütig zu zerschlagen, weil sie der veralteten Form entsprechen. Wir hätten recht bald nichts mehr zu essen. Und Radieschen auf dem Balkon zur Selbstversorgung dürften sich recht witzig ansehen, man brauche sich nur eine Millionenstadt wie Berlin vorzustellen, um diesen Ansatz als unrealistisch zu erkennen.

Alle Menschen, seit es welche gibt, haben mit ihrem Leben, ihrer Kreativität, ihren Sorgen, Widerständen und Willigkeiten dazu beizutragen, all das hervorzubringen, was an Wissen, Kultur, Bauten, Kunstwerken, Strukturen, Techniken, Sammlungen, Kochrezepten, Haustier-/ Getreidearten, Literatur, Hobbys usw. usf. an Reichtum geschaffen wurde. Weshalb sollte alles vernichtet oder abgeschafft werden, bloß weil es unter gesellschaftlichen Fetischformen hervorgebracht wurde?

Es ist zu entscheiden, was unter den Gesichtspunkten zur Befriedigung der bereits mehrfach genannten menschlichen und natürlichen Bedürfnissen Bestand haben soll oder einfach aus Gründen der Freude und der Lust oder Gewohnheit bleiben soll ... soweit es nicht wesenhaft dem Erhalt des kapitalistischen Weltsystems entspricht.

Und ich betone, dass es keinen einheitlichen Plan, keine einheitliche Utopie für eine menschliche Weltgemeinschaft fertig konsumierbar von der der Stange geben kann. Die Zeit der Gesellschaftssysteme, der Fetischformen, ob nun Steinzeit, Sklaverei, Feudalismus oder Kapitalismus) ist vorbei. Die Menschheit steht vor ihrer Befreiung von allen, sie unterwerfenden Systemen. Kapitalismus als letztes, bis in jede Pore von Mensch und Gesellschaft verinnerlichtes System hat die Entfremdung bis auf eine nicht überbietbare Spitze getrieben. Damit würde bei jedem weiteren Steigerungsversuch, der Tod anstehen und genau deshalb muss ein nach vorn gerichtete Hinwendung zu sinnlichen, konkreten Kriterien der Bedürfnisbefriedigung erfolgen. Verallgemeinerungen, wie das Nadelöhr der Finanzierbarkeit, durch die jeder Mensch gepresst wird, darf und kann es nicht mehr geben.

Ganz praktisch herangereift steht vor der Menschheit womöglich die größte Wandlung seit ihrem Entstehen an. Doch auch dafür bedarf es einzelne Schritte, was die Aufgabe machbar erscheinen lässt.

VORSICHT FALLE

Eine der fiesesten Fallen bei der Gestaltung einer menschlichen Gesellschaftsform ist die Utopie. Utopie heißt übersetzt soviel wie „Nirgendwo" bzw. „Nichtland". Ein grundlegendes Problem bei der Verwirklichung von Utopien, ist die Notwendigkeit, Menschen an das Ideal der Utopie anzupassen. Ganz gleich ob es der zu schaffende Übermensch sein soll oder der bedürfnislose Arbeitsameisenmensch. Wozu das führte haben u. a. die sowjetischen Gulags auf schrecklichen Weise bewiesen. Es ist erschreckend, mit welchen ideologischen Argumenten die Notwendigkeiten von Arbeitslagern und Erschießungen zur Gestaltung einer menschlichen Gesellschaftsform begründet wurden, frei nach dem Motto: „Jetzt müssen leider so und so viele Schädlinge dran glauben, aber die Opfer lohnen, für die lichte Zukunft."

Auch der Weg zu einer menschlichen Gesellschaftsform muss bedingungslos menschlich sein und sich anhand der sinnlich-konkreten sozialen und natürlichen Bedürfnisse des Menschen und der Natur orientieren. Dies kann nur Schrittweise in praktisch zu überprüfenden Schritten erfolgen.

Eine weitere Falle ist die Vorstellung, Kapitalismus spiele sich nur in der Wirtschaft ab und könne mittels Politik überwunden werden OHNE den Selbstzweck der Geldvermehrung anzuhalten und abzuschaffen. Diesen, auf dieser Vorstellung basierenden Versuch mussten die Ostblockstaaten (Real-Sozialismus) mit ihrem Zusammenbruch teuer bezahlen.

Es kann eben mit unheiligen Mitteln kein heiler Zweck erfüllt werden ... was übrigens derzeit an den unheiligen Corona-Maßnahmen mehr als offensichtlich wird.

Gesprächskreis
hierarchiefrei dabei sein

Seit einigen Jahren führen wir sehr bereichernde Gesprächs- und Heilkreise in unserem Tipi im Waldcamping Thalheim durch. Das ist etwas anders wie Dialoge, die oft zu Monologen oder verbissene Kämpfe um Deutungshoheit ausarten.

Solche Kreise kennen keine Hierarchie, erfordern Zuhören, ebenso wie den Mut vor nur Zuhörenden zu sprechen.

Ein Moderator sorgt dafür, dass diese Form nicht verletzt wird, bringt Gedanken in den Kreis ein, was auch jedem Teilnehmer offen steht.

Dieser Gesprächskreis (blog) bietet an, auf ähnliche Weise zu wirken. Dazu lade ich Sie von Herzen ein.

Wenn Sie sich, bei allen individuellen Träumen und Vorstellungen, damit Identifizieren können und diese auch mit einbringen oder nur dabei sein möchten, dann beginnen Sie vielleicht auch bei sich einen lokalen Kreis (Gruppe) zu knüpfen. Aus vielen solchen, sich berührenden, zusammenfügenden und verstärkenden Kreisen, von familiären über freundschaftlichen und nachbarlichen bis landesweiten und kontinentalen, kann sich die angestrebte, eingreifmächtige soziale Massenbewegung bilden.

Ein sinnloses Unterfangen?

Ich weiß nicht, wie eine solche soziale Massenbewegung zu gestalten ist ... aber ohne ersten Schritt kein zweiter ...

Diese Website zur Gründung einer sozialen Massenbewegung scheint ein völlig aussichtsloses Unterfangen zu sein. Wer will schon das gewohnte System aufgeben und wie soll dieses vermeintlich übermächtige und gewalttätige System mit so einer lächerlich unbedeutenden Website gestoppt und verlassen werden können?

Die Antwort:

• *Schlicht, ohne ersten Schritt kein zweiter, ohne ersten Schritt Verzicht auf die unendlich vielen, unbekannten Möglichkeiten! Und deshalb mache ich mir die Mühe, auch wenn ich tausend Zweifel an deren Erfolg habe.* ***Die 1001 Möglichkeit wird womöglich der Erfolg.***

Darum macht jeder Versuch unendlich viel Sinn also auch dieses Buches! Die Zukunft ist offen ...

In eigener und Ihrer Sache:

Ich weiß nicht, wie eine solche soziale Massenbewegung zu gestalten ist. Beispielsweise sind meine organisatorischen Fähigkeiten ziemlich bescheiden, genauso wie die, etwas der breiten Öffentlichkeit bekannt zu machen.

Viele solche Fragen sind noch offen und bedürfen der Klärung, z. B.:

- *Wie können ALLE einzelnen Wünsche nach einem menschenwürdig-erfülltem Leben zu einer Massenbewegung zusammengeführt werden, OHNE das welche dafür ausgeschlossen bzw. zurückgesetzt werden müssen?*
- *Wie kann diese Massenbewegung ideologiefrei gestaltet werden?*
- *Auf welche Weise kann bei unmenschlichen Handlungen der jetzigen Machteliten diesen verletzungsfrei „in den Arm gefallen" werden?*
- *Wie kann höchstmenschlich mit Menschen umgegangen werden, die sich mit allen Mitteln (z. B. militärisch-zerstörerischen Mitteln) gegen den Weg zur Gestaltung der menschlichen Gesellschaftsform wehren?*
- *Und wie kann friedlich verhindert werden, dass diese auf den „Roten Knopf drücken?*

Zusammengefasst sind menschliche Mittel und Wege zu finden und zu schaffen, die bedingungslos die Verletzung bzw. gar Vernichtung auch nur eines einzigen Menschen zu verhindern in der Lage sind. Ansonsten verlöre diese Massenbewegung, wie die anzustrebende menschliche Gesellschaftsform gleich zu Anfang ihre Unschuld. Was zu verhindern wäre.

Und darum ist JEDER Mensch herzlich eingeladen, an diesem Aufruf (am besten über die Website) ebenso mitzuwirken, wie an der sozialen Massenbewegung und gar an der Gestaltung einer menschlichen Welt, welche alle Natur ebenfalls heilsam im Blick hat.

Also formulieren Sie Ihre Fragen und Gedanken, forschen Sie und fressen Sie sich durch untaugliche Gewohnheiten und Überzeugungen durch. Anders geht es nicht!

Die Hilfsmittel
Methoden und Wege

Es mag so erscheinen als sei nichts bekannt, wie eine Gesellschaftsform bewusst zu gestalten ist, die frei von z. B. Geld, Ideologien, Konkurrenz, Krieg ist. Das liegt einerseits an dem propagierten und verinnerlichtem Selbstverständnis der jetzigen gesellschaftlichen Fetischform, die alles vertuscht und verunglimpft, was an Wissen, Erfahrungen und Vorstellungen für deren Überwindung existiert. Andererseits hat sich die Menschheit sozusagen zu oft die Finger mit ihren Versuchen verbrannt, eine menschliche Gesellschaft zu schaffen. Wofür es verschiedene Gründe gab/gibt wie:

- *das Verbleiben in den bestehenden Gesellschaftsformen,*
- *das Leugnen und Zerstören funktionierender Ansätze von außen und*
- *die einst noch fehlende Ausreifung der maximal möglichen Fetischform, welche nun erreicht ist und dadurch das ungeheuerliche Wesen derselben für alle sichtbar gemacht hat - die sehen wollen.*

Womit nicht gesagt sei, dass mindestens schon einmal in Europa die Chance für eine menschliche Gesellschaft bestand und zwar im ausgehenden Mittelalter. Diese wurde schließlich gewaltsam und äußerst grausam von den Herrschenden zerstört. Eins der negativen Ergebnisse ist das kapitalistische Weltsystem.

Deshalb braucht es den freien Blick und die theoretische Durchdringung der gesellschaftlich vergangenen und jetzigen Istzustände und was deren Wesen war und ist. Statt Symptomschau, die Wesenserkenntnis.

Und das zu erreichen gibt es unendliche viele Hilfsmittel, ob Theorie, Übertragung alternativmedizinischer Anamnesemethoden auf die Gesellschaft, untergegangene bzw. bewusst zerstörte Alternativkulturen, Lernen aus den gescheiterten Versuchen der einstigen realsozialistischen Länder, persönliche Erfahrungsberichte, wissenschaftliche Studien, Diplom- und Doktorarbeiten, Wünsche und Träume, Naturbetrachtung, religiöse und philosophische Bücher usw. usf.

Einige Anregungen von anderen Menschen:

- *Ist Jesus Traum vom nahenden Reich Gottes viel mehr als menschliche Gesellschaftsform zu deuten als auf das Hoffen eines göttlichen Eingreifens von außen?*
- *Vom Staatenbund der Irokesen ist bekannt geworden, dass sie wichtige Entscheidungen nur einstimmig verfassten und so lange palaverten, bis das erreicht war. Aber, wie abfällig blicken „moderne" Menschen auf das „Geschwätz" angeblich primitiver Völker.*
- *Und manche indigene Völker feierten eine Art Erntedankfest, um alles zu verzehren was an Zuviel an Ernte eingebracht wurde. Sie ahnten offenbar, dass die Anhäufung von Mehrwert als Selbstzweck zu abstranktem Reichtum führt, den sich dann mehr oder wenig kranke (narzisstische) Persönlichkeiten zwecks Machtausübung unter dem Nagel reißen würden. Das US-amerikanische*

Thanksgiving ist aus diesem sinnvollen Brauch hervorge-
gangen, wenn auch seines ursprünglichen Sinns beraubt
wurden.

Natürlich gab es niemals DIE „guten Wilden", wie sie ro-
mantisiert wurden, nachdem sie beinahe ausgerottet waren, doch kann von deren gesellschaftlichen Beziehungen
und denen zur Natur viel gelernt und schöpferisch weiter-
entwickelt für die jetzigen anstehenden Entscheidungen
genutzt werden. Sie wussten, dass Menschen auch böse
bzw. krank im Kopf werden können und deshalb gesellschaftliche Beziehungen gestaltet werden müssen, die diese nicht befördern sondern heil oder wirkungslos mach-
ten.

Wir heute Lebenden haben das vergessen und existie-
ren in solchen negativen, von der Menschheit selbst her-
vorgebrachten gesellschaftlichen Beziehungen, die offensichtlich die schlechtesten Eigenschaften befördern und
krankhafte Persönlichkeitsstörungen zum Erfolgsmodell
gemacht haben. Die einst von der katholischen Kirche
formulierten **sieben Todsünden** (sicherlich fänden sich
noch weitere, wie z. B. digital-abstrakte Entfremdung),
sind jetzt nicht nur geil wie Geiz sondern grundsätzlich
notwendige Eigenschaften erfolgreicher Karrieren. Diese
sind:

- Hochmut (saligia),
- Habgier (avaritia),
- Wollust (luxuria),
- Zorn (ira),

- Völlerei (gula),
- Neid (invidia) und
- Trägheit (acedia)

Man darf sich aber wundern, wie viele Menschen sich trotzdem derart bösen Bedingungen so weit als möglich verweigern und ihre Menschlichkeit bewahren. Aber das genügt leider nicht, weil die wesentlichen Bedingungen unterbewusst (quasi vernaturgesetzlicht) wirken und demzufolge auch von diesen gutwilligen Menschen unbewusst mit erhalten und befördert werden. Genau darum braucht es Hilfsmittel, um diese, automatisch Gutes in Schädliches verkehrenden Bedingungen verändern zu können.

Theorie der Wert-Abspaltungs-Kritik
Klarheit über das gesellschaftliche Wesens der
Kapitalistischen Fetischform

Wir sind Menschen, können es aber nur sein, wenn wir unser Menschsein annehmen und leben. Dazu zählt auch die erstaunliche Fähigkeit, zu denken und das längst nicht mehr nur in Bezug zu sinnlichen, natürlichen Wahrnehmungen sondern auch theoretisch. Um beispielsweise das Wesen einer individuellen Krankheit zu begreifen bzw. einer geschichtlichen Gesellschaftsformation bedarf es des theoretischen Durchdringens und schöpferischen Zusammenfassens der äußeren Symptome (Erscheinungen) zu einem Bild davon. Dies ist durch praktische Überprüfung immer wieder zu vervollkommnen oder eben zu verwerfen und ein treffenderes zu finden.

Denken und Theoriebildung sind überhaupt nichts schlechtes, wie leider oft genug vom gesellschaftlichen Mainstream oder auch esoterischen Gedankenkonstruktionen behauptet. Entgegen deren scheinheiligen Denkverboten ist aber nicht mit dem Denken aufzuhören, sondern erst recht zuende zu denken, also nicht vor unliebsamen Erkenntnissen zurück geschreckt werden. Was nützt z. B. die Erkenntnis, dass Menschen gesellschaftliche Wesen sind, wenn die gegenwärtige Gesellschaftsform die Konkurrenz nicht nur in den Himmel lobt sondern auch zu einem praktischen Zwang gemacht hat, der mit der Existenzsicherung gnadenlos real verknüpft ist?
Weil es aber inzwischen genügend Denker auf Erden gab, die immer wieder zuende gedacht haben und auch

weiterhin denken, sind theoretische Grundlagen vorhanden, die unabdingbare Werkzeuge darstellen, um die jetzige Gesellschaftsform als unmenschliche zu erkennen, wie sie unter manch schönem Schein wirklich funktioniert bzw. wozu sie automatisch führen kann oder sogar muss. Mit diesen theoretischen Grundlagen werden Wege und Methoden erst sichtbar, wie diese nachhaltig überwunden und eine neue, menschliche Form gefunden und geschaffen werden kann.

An forderster Stelle führe ich die unersetzliche Wert-Abspaltungs-Kritik auf. Diese wurde bedeutend von Robert Kurz und Roswitha Scholz formuliert. Leider ist Robert Kurz 2012 infolge einer Operation verstorben, was einen unersetzlichen Verlust darstellt. Seine Frau, Roswitha Scholz, führt diese Arbeiten u. a. mit der Gruppe Exit fort (Selbstdarstellung Exit: Kapitalismuskritik für das 21. Jahrhundert – Mit Marx über Marx hinaus: Das theoretische Projekt der Gruppe „EXIT!")

Einige Hinweise zu Karl Marx:

- *Marx ist nicht gleich Marx. Natürlich war Marx im 19. Jahrhundert Kind seiner Zeit und demzufolge widersprüchlich wie jeder Mensch. Einerseits fortschrittsgläubig, worauf der spätere Arbeiterbewegungsmarxismus fußte, der kläglich mit dem Realsozialismus um 1990 unterging. (Leider scheinen große Teile der LINKEN dort eingefroren zu sein, wenn nicht gar noch vor Marx zurückgefallen. Ihnen fällt offenbar derzeit nichts gescheiteres ein als was von Anfang viel zu kurz griff:*

den Reichen wegnehmen, als ob nach Befriedigung ihres Neids der „prozessierende Widerspruch" des Kapitals von allein verschwinden würde.

Wie sehr fast alle LINKE jegliche Vision einer menschlichen Zukunft verloren und geopfert hat zeigt sich am kaum mehr vorhandenen Unterschied zu den Regierungsparteien im Umgang mit der so genannten „Corona-Pandemie": isolieren, bestrafen, unterdrücken. Stalin feiert offenbar in Gemeinschaft von CDU/CSU un LINKE fröhliche Urständ. Ja, viele LINKE drängen gar darauf, einen knallharten Null-Zero-Lockdown zu erreichen. Demnach glauben sie wieder einmal, mit geballter Rot-Front-Kämpfer-Faust sich über das Leben und seine Vielfalt, über Spiritualität, Natur und Menschlichkeit erheben zu können. Wie hieß es früher im „Osten": „Auch ohne Gott und SONNENSCHEIN, fahren wir die Ernte ein." Es gibt doch viel mehr als entweder mit den Viren und Corona-Maßnahmen (CDU/CSU/SPD/GRÜNE/AFD zu leben oder alle Viren zu vernichten (LINKE). Wie wär's mit sozial-natürlicher Stärkung der Lebenskräfte jenseits fetischistisch-unmenschlicher „Gesundheits"-Konzepte?

• Andererseits aber gibt es noch eine unglaublich tiefere und visionäre Seite im Werk von Marx, die fast schon esoterisch anmutet, weil Marx darin das eigentliche, verborgene und durchaus religiös angehauchte Wesen des kapitalistischen Systems als Fetischform beschreibt. Diese Seite von Marx ist aktueller denn je, weil jetzt die entscheidende Frage vor der Menschheit steht, ob

*sie weiter unbewusst ihren Fetischkult um Wert und
Geldvermehrung treibt oder sich ihrer gesellschaftlichen
Beziehungen bewusst wird und diese dann absichtsvoll
menschlich gestalten wird.*

*Fetischfreie gesellschaftliche Beziehungen heißen, sich
dem konkreten und sinnlichem Leben wieder zuzuwen-
den, jenseits und frei von aller Ideologie, auch LINKER.
Dafür braucht es die visionäre Bereitschaft, auch heiße
Eisen und Tabus anzupacken, wie die Abneigung weiter
Teile der LINKEN hinsichtlich naturheilkundlich-alter-
nativmedizinischer Wege, spiritueller Ansätze usw. Ich
verstehe überhaupt nicht, weshalb nun LINKS radikal
materialistisch sein muss, wie auch atheistisch. Warum
soll Gott oder schamanische Verbündete (z. B. Krafttie-
re) denn nicht für eine menschliche Daseinsweise wirken
können? Das hängt doch davon ab, welche Absichten
wir Menschen hegen und ob wir herrschaftlich über-
formten Spiritualitätsideologien weiterhin gedankenlos
auf dem Leim gehen oder die natürliche und daher
revolutionäre Spiritualität wieder wahrzunehmen bereit
sind.*

Kurz gefasst kann gesagt werden, dass das kapitalistische Weltsystem von seinem Wesen her zutiefst verrückt
ist, weil es menschliche Arbeitskraft (Lebenszeit) mittels
sinnfreier Beschäftigung (abstrakte Arbeit) sozusagen
realmetaphysisch in toten Wert verwandelt. Dieser Wert
wird per Warenproduktion auf Waren übertragen, was
Marx als theologische Mucken der Warengegenstände be-
zeichnete. Mit dem Konsum der Waren wird der bis dahin

unsichtbare Wert wieder in Geld verwandelt. Somit ist die verbrauchte und in Wert verwandelte Lebenszeit des Menschen die Wertsubstanz des Geldes. Der wieder in Geld verwandelte Wert beinhaltet neben den eingenommenen Kosten der Warenproduktion auch den berühmten Mehrwert um den sich der ganze Selbstzweck dreht.

Dieser, in Geld ausgedrückte Mehrwert wird genommen und reinvestiert um das ganze Spiel von vorn zu beginnen. Also aus einem Euro zwei zu machen usw. Damit aber die Waren auf dem Markt verkauft werden können, müssen sich die einzelnen Produzenten gegenüber den anderen einen Vorteil verschaffen, was Konkurrenz genannt wird. Dieser Vorteil wird durch Verbilligung der Waren erreicht, indem die Produktivität mittels fortschrittlicher Technologien gegenüber der Konkurrenz vorangetrieben wird. Diese technologische Entwicklung setzt Arbeitskräfte frei, was dazu führt, dass diese nicht mehr in Wert verwandelt werden können. Ab einem technologischen Entwicklungspunkt, werden insgesamt mehr Arbeitskräfte freigesetzt als durch Markterweiterungen wieder eingesetzt (verwertet) werden können. Dieser Punkt begann sich etwa in den 1970/80ern durch beginnenden Einsatz der mikroelektronischen Rationalisierung zu zeigen. Damals begann mangels ausreichender Verwertungsmöglichkeiten menschlicher Arbeitskraft die Wertsubstanz des Geldes zu schrumpfen. Was sich bis heute in beschleunigtem Maße fortsetzte und in den beiden großen und jüngsten Krisen mehr als deutlich sichtbar wurde:

- **der Finanzkrise 2008/2009 und der Corona-Krise ab 2020 fortführend.**

Die als Rezept zur Krisenbewältigung angestrebten Investitionen in Billionenhöhe, die durchgepeitschten Digitalisierungsmaßnahmen ebenso wie die weitere Vereinzelung und Freisetzung von Arbeitskräften beschleunigt die Entwertung des Wertes noch zusätzlich. Was, nebenbei bemerkt, das Gegenteil des eigentlichen Ziels der Maßnahmen bewirkt, den angestrebten Systemerhalt. Damit wird tatsächlich der Ast auf dem das System hockt, noch schneller und radikaler abgesägt als bisher.

Das Problem dabei: je weniger verwertbar einsetzende Arbeitskräfte, umso weniger Mehrwert, desto kraftloser der das System tragende und bestimmende Selbstzweck der Geldvermehrung, umso mehr Wertverfall und desto weniger Macht dieses Systems mit allen auf Wert basierenden Beziehungen und Zuständen inkl. des Selbstwerts der einzelnen Individuen, des Militärs, der ideologischen Manipulation usw. Somit gerät das gesamte individuelle und gesellschaftliche Wertselbstverständnis des kapitalistischen Weltsystems ins wanken und beginnt zu verwahrlosen. Jeder kann dies nicht nur an dem Verfall der aktuellen Politik samt der dazu gehörenden, moralisch verwahrlosenden Politiker sehen sondern auch am Zerfall der internationalen Beziehungen, der UNO usw. Und natürlich an den Corona-Maßnahmen, die der Menschlichkeit den Rest geben (sollen?!) anstatt Heilung und Menschlichkeit zu befördern.

Weil das kapitalistische Weltsystem eben weltweit herrscht, wo es nicht längst zusammen gebrochen ist und sich nur noch wegen des verinnerlichten Wertselbstverständnisses akzeptiert wird, kann es gar nicht anders sein als das die Corona-Maßnahmen als Teil der Systemerhaltung und des medizinischen Mainstreams überall ähnlich gehandhabt werden.

Es bedarf also keiner Verschwörungstheorien, um den aktuellen Systemzustand zu beschreiben, wenn auch viele Protagonisten des Systems durchaus verschwörerisch handeln dürften. Wie auch anders, wenn sie dieses System wider der Vernunft am Leben zu erhalten versuchen. Herrschaftliche Verschwörungen sind aus allen bekannten Zeiten überliefert, weshalb sollte es jetzt anders sein?

Es gab einen Witz zu DDR-Zeiten, in dem es hieß, dass der Letzte das Licht ausmacht, der das Land verlässt. Abgewandelt auf heute könnte gesagt werden, mit dem letzten wegrationalisierten Beschäftigten fällt auch der letzte Konsument weg, der den letzten Wert wieder in Geld verwandeln könnte und dann ist Schluss mit Kapitalismus. Der Gerechtigkeit halber ist zu sagen, dass es soweit nicht kommen wird, weil es Schwellen gibt, bei denen ein System schon vorher in eine unwiderrufliche Abwärtsspirale gerät-. Wir befinden uns gerade mittendrin. Ein sehr schwerwiegendes Indiz dafür dürften die Corona-Maßnahmen sein, da den herrschenden Eliten offenbar nichts Gescheiteres mehr einfällt als Gewalt, Zwang, Verführung und Bußgelde. Zusammen mit den Negativ-Zinsen - ein Unding für den kapitalistischen Selbstzweck - eine Selbstoffenbarung. Das System hat seine Entwicklungsfähigkeit eingebüßt und verfällt demzufolge.

Allerdings erschließt sich daraus auch das Erfordernis, aus diesem System noch vor dessen völligem Zusammenbruch auszusteigen, um nicht weltweit in absolut barbarische Zustände voller Leid zu versinken, wie es bereits in allerhand Ländern der Fall ist, in denen die Geldvermehrung schon nicht mehr bzw. viel weniger funktioniert als in den kapitalistischen Kernländern - abgesehen von einigen „Inseln" noch gelingender Wertschöpfung.

Es braucht also:

1. *dieses System in seinem Wesen begreifende Individuen wie auch gesellschaftlich klare sehende Massenbewegungen, die den fanatisierten Polit- und Herrschaftseliten in die Arme fallen, Stopp sagen und aus Sorge um jeden Menschen auch jetzt schon die Rentabilitätsanforderungen bewusst ignorieren.*
2. *die Absicht, die gesellschaftlichen Beziehungen in Zukunft wertfrei, sozial menschlich und naturgerecht zu gestalten.*

Das sind die zwei anstehenden Aufgaben, an die wir als Menschheit nicht vorbei kommen, wenn wir menschlich überleben wollen.

Grundsätzlich ist dieses System männlich gestaltet und entsprechend männlich funktionierend (bzw. das, was bürgerlich-ideologisch darunter verstanden wird), was z. B. deutlich anhand von gelingender Geldvermehrung, Wertschöpfung, Verwertungsfähigkeit, der Naturwissenschaft, dem Leistungs- und Konkurrenzprinzip und nicht zuletzt im Politbetrieb sichtbar wird. Was nicht ausschließt, dass Frauen in diesen männlichen Domänen nicht auch „ihren" Mann stehen können. Oft genug sieht man es ihnen auch an. Vom Wesen her aber werden all die Bereiche die nicht oder noch nicht der Wertschöpfung unterworfen sind, den Frauen zugewiesen, woraus sich die nach wie vor bestehende Zurücksetzung strukturell erklärt. Typische, vom Wert abgespaltene Bereiche sind: Schwangerschaft, Geburt, Kindserziehung, Hausarbeit, Fürsorge dem Mann gegenüber, Sozialdienste und Pflegebereiche, Liebesdienste usw. Darum auch kein Lohn für z. B. Hausarbeit. Weiterhin zählen zu den abgespaltenen Bereichen die der indigenen bzw. farbigen Bevölkerungen, die Natur (soweit sie nicht verwertbar ist) und auch Kinder. Diese unvollständige Aufzählung soll genügen, um nachfolgendes Thema der Wert-Abspaltungs-Theorie einzuleiten.

Über die weiblich zugewiesenen, vom Wert abgespaltenen Bereiche
Strukturelle Ursache weiblicher und rassistischer Diskriminierung

Obwohl der Selbstzweck der Geldvermehrung seines narzisstischen Wesens nach darauf drängt, alles der Ver(mehr)wertung zu unterwerfen, gelingt das nicht völlig. Im Gegenteil kann gesagt werden, dass der wertschöpfende Bereich, für den der Wirtschaftskreislauf von Produktion bis Konsumption steht, nur deshalb funktionieren kann, wenn dafür künstlich definierte Bedingungen geschaffen werden. Dieser Selbstzweck muss demzufolge alles ausschließen, was die Geldvermehrung behindert. Das verhält sich ähnlich wie bei wissenschaftlichen Experimenten im Labor. Auch dort werden künstlich definierte Rahmenbedingungen geschaffen, um die entsprechenden Ergebnisse erzielen zu können. Was übrigens ein Indiz darstellt, dass die moderne Naturwissenschaft in ihrer jetzigen Form nur ein Teil der kapitalistischen Gesellschaftsform sein kann und dadurch nicht neutral, wie viele ihrer Vertreter selbstgefällig stets betonen. Auch sie ist zukünftig davon zu befreien.

Dass die kapitalistische Daseinsweise nur funktionieren kann, wenn es quasi unter künstlichen Laborbedingungen, die weltweit gewaltsam, manipulativ und verführend durchgesetzt wurden, zeigen sich an den von der Verwertung abgespaltenen Bereichen, wie z. B. die den Frauen zugewiesenen reproduktiven Bereiche, Umweltschutz und Ehrenamt. Somit sind Frauen bis heute in dieser Gesellschaftsform nach wie vor nicht gleichwertig zum Mann und können es unter diesen Bedingungen nicht werden, weil die den Frauen zugewiesenen abgespaltenen Bereiche bzw. Bereiche ihrer Biologie schlicht nicht rentabel verwertbar sind (siehe z. B. die Regelblutung als monatliche Reinigung und Neugeburt von Frauen). Gesellschaftlich betrachtet rechnen sich Frauen nicht so gut wie Männer. Was natürlich nicht heißen soll, dass Frauen auch in den männlich dominierten Bereichen auch ihren Mann stehen können, jedoch mit allen Folgen für ihr nun männlich verformtes Selbstverständnis als Frau. Ich habe selbst mehrfach gesagt bekommen, als ich nach dem Empfinden von „Total-OPs" (entfernen der inneren weiblichen Geschlechts- und Fortpflanzungsorgane) fragte: „Endlich ist das Gelumpe raus und ich kann in Ruhe arbeiten gehen!" Mich erschütterte diese Aussage jedesmal, doch verrät sie, wie sehr auch Frauen als hauptsächliche Träger des wertfreien Bereichs sich das negativ kapitalistisch und männlich geprägte Selbstverständnis verinnerlicht haben. Das eigentlich unfassbare Ziel: Ohne Regelblutung mannhaft funktionieren! Leben wird zum Gegner gemacht. Fatal dabei, ohne Leben keine Wertvermehrung. Ein weiteres Paradoxon dieser Gesellschaftsform:

- *Leben > Wert > weniger Leben > mehr Wert.*

Wirkliche Emanzipation kann nur jenseits der kapitalistischen Gesellschaftsform verwirklicht werden, auch wenn noch so lächerliche Anstrengungen unternommen werden, ein anderes Bild schön zu malen, wie die Sternchen in maskulinen Wörtern oder gar der Verzicht auf solche warmherzigen Begriffe wie Vater und Mutter in dem inzwischen völlig verqueren Genderwahn. Der eher als Hohn empfunden werden kann, statt auf Gleichberechtigung hindeutet. Keine Frau bekommt deshalb mehr Lohn in Pflegebereichen, für ihre Hausarbeit, Kindserziehung oder Liebesdienste zu Hause. Im Gegenteil, die Doppelt- und Mehrfachbelastung dürfte durch die Vergenderung noch zunehmen.

Nachfolgend einige wenige Beispiele der künstlichen „Laborbedingungen" und des entlohnungsfreien Raubs zum Erhalt der Mehrwertgenerierung, welche sonst nie

gelingen würde, wenn alle Kosten der Natur, der weiblichen Reproduktionsleistungen und der oft genug gewaltsam angeeigneten, südländischen Ressourcen und Arbeitskräfte bezahlt werden müssten:

- *Schwangerschaft*
- *Kindeserziehung*
- *liebevolle Zuwendung für den erschöpften Ehemann*
- *Folgekosten der zerstörten Umwelt von Bergbau, Landwirtschaft und Individualverkehr*
- *Braindrain (Abwerbung fertig ausgebildeter von Akade-
  mikern)*
- *Patente auf, von Ureinwohnern erworbenes Wissen zu
  Heilpflanzen*
- *nicht bis extrem schlecht Kinder- und Frauenarbeit
  (auch Sklaven)*

Alle diese Kosten werden der Allgemeinheit aufgela-
den, doch der Gewinn wird von den laborhaft betriebenen
Unternehmen angeeignet. Daraus erklärt sich auch die
Unterbezahlung in meist von Frauen betriebenen Pflegebereichen (u. a. Dienstleistungen), weil diese nicht der
Geldvermehrung dienen sondern reine Ausgaben sind,
also Konsum darstellen.

Aber Mehrwert muss Wachstum generieren, indem dieser reinvestiert wird. Konsum aber, geht vom reinvestierba-
ren Mehrwert ab, wie auch Lohnkosten, weshalb bei allen
solchen, weiblich zusammenhängenden Dienstleistungen
zuallererst gespart wird. Ganz im Gegenteil zur „männlichen" Rüstung. (sie ist vom Wesen her ebenfalls Konsum
aber wesenhaft männlich und dem aggressiven Wesen des

Systems (Konkurrenz, Gewinn, Sieger) entsprechend und daher auch finanziell bevorzugt.)

Übrigens kehren sich unter diesen wirtschaftlich-laborhaften Rahmenbedingungen der Geldvermehrung auch vermeintlich umweltschonende Produkte und Technologien ins Gegenteil um, weil sie, um Gewinn abzuwerfen massenhaft und rücksichtslos hergestellt und eingesetzt werden müssen. Auch enorme Kredite der verwissenschaftlichen Produktion wollen abgezahlt werden.

Die Windräder sind inzwischen ein real mahnendes Beispiel dafür, wie voraussichtlich bald auch die individuelle Elektromobilität. Massenproduktion und Geldvermehrung können von Haus aus niemals umwelt- und menschenschonend betrieben werden. Beides ist unvereinbar wie Feuer und Wasser, was eigentlich längst unleugbar sichtbar geworden ist.

Die sogenannte grüne Kehrtwende hat aber auch gar nichts mit Umwelt- und Menschenschutz zu tun, sondern mit angestrebten Konkurrenzvorteilen auf dem Weltmarkt, und mit der Auslagerung (Export) der Natur- und Menschenzerstörung der kapitalistischen Kernländer in den ihnen hilflos ausgelieferten Süden. Was bei dem Wertverfall des Systems freilich immer schlechter gelingt.

Ein schlichtes Erlebnis:

• *Fast täglich gehe ich raus zum Scheibenberg. Die vergangenen Jahre musste ich dabei eine beschleunigte Zunahme rücksichtslosen Bewirtschaftens feststellen. So* verschwanden fast alle kräuterreichen Feldraine völlig. Sie wurden mit klimatisierten Großgeräten einfach gleichgültig weggepflügt, oft mit Teilen der Wege selbst. Das Holz bringt derzeit wenig Gewinn, weil es infolge von Raubbau und Monokulturen massenhaft durch Windbruch anfällt, vielleicht auch, weil es zusätzliche Geldquelle schwindender Einnahmen von kommunalen und privaten Besitzern sein soll. Überangebot. Da halten sich offenbar forstwirtschaftliche Betriebe an den besonders guten, noch gewinnbringenden Hölzern, also den besonders alten und großen Bäumen. Welche dann so effektiv wie möglich aus dem Wald geholt werden. Aus eigener Beobachtung verbleiben gerade viele kranke und nicht verwertbare Bäume im Wald. Und für den Windbruch legen Kommunen, wie hier in Scheibenberg, auf dem Raummeter 5,- Euro drauf, dass die Betriebe überhaupt bereit sind, den Windbruch und Käferbefall rauszuholen. Was zurück bleibt sind zerstörte Waldböden, Wege und Wälder, an denen sich dann Käfer und Stürme doppelt schadlos halten können.

• Wie selbstverständlich dennoch abgespaltene Bereiche gelebt werden, zeigt sich am nachfolgenden Beispiel der (freilich halbherzigen) Schadensbeseitigung hier am Scheibenberg. Die rücksichtslose Gewalt mit schwerer Technik wälzte nicht nur den Waldboden um und verfestigte ihn nahezu unwiederbringlich, sondern verwandelte auch die einst romantischen Wald- und Wanderwege in hässliche Schotterpisten. Die gewinnbringenden Stämme wurden blitzschnell heraus geholt, für die Beseitigung der Schäden aber wurden freiwillige Arbeits-

einsätze durchgeführt, also der Allgemeinheit aufgela-
den. Aufgerufen von der selben Kommune, welche den
Unternehmen die 5,- Euro pro Raummeter bezahlte.
(Auch damalige, unbezahlte Subbotniks in der Sowjet-
union und u. a. ebenfalls hier in der DDR verraten, wie
sehr die so genannten sozialistischen Staaten von ihrem
Wesen her staatskapitalistisch strukturiert waren.)

VORSICHT FALLE

Fatal ist der Glaube, das kapitalistische Gesellschaftssystem sei selbstfunktionierend und gesellschaftlich zwin-
genden Gesetzmäßigkeiten geschuldet. Es ist geschichtlich hervorgebracht worden (erkrankte Menschheit)
und kann geschichtlich abgeschafft werden (heilende
Menschheit).

Dem ausgehenden Mittelalter musste nicht zwangsläufig Kapitalismus folgen, es hätte können auch eine
menschliche Gesellschaft gestaltet werden. Dazu gab
es viele praktische Ansätze und soziale Massenbewegungen, die jedoch auf grausamste und verführerischste
Weise zerstört wurden. Es ist wahrscheinlich, dass die
zuammenbrechende feudale (personale) mittelalterliche
Herrschaftsform mit der versachlichten, nichtpersona-
len kapitalistischen von den damaligen Herrschaftseliten
beantwortet wurde. Somit liegt eine schreckliche Falle in
dem Glauben, Kapitalismus sei auf ewig angelegt und un-
überwindlich.

Werden ALLE Folgen der kapitalistischen Daseins-
und Wirtschaftsweise in Betracht gezogen, vom Raubbau
an der Natur, den Tieren und Menschen, wozu der Ver-
brauch von Leben in all den Kriegen, inklusive des Leids
samt der Kosten für die Gesundheit zählen, dann kostet
Kapitalismus insgesamt mehr als er selbst bei höchster
Produktivität einbringt. Was verständlich ist, da es ein
solches Perpetuum mobile nicht geben kann. Allein die
„Reibungsverluste" wie Lohnkosten, Krankenpflege, De-
naturierung, Abwasserreinigung usw. verunmöglichen
einen gesamtgesellschaftlichen Gewinn. Er kann nur, wie
gesagt in gesonderten laborähnlichen Bereichen Gewinn
erwirtschaften.

Der Glaube und der Versuch, durch zusätzliche Investitionen und Einschränkungen der Menschen, doch noch
das System mit seinen eigenen Mitteln überlisten zu können, kann nur den Systemzerfall ebenso weiter beschleu-
nigen, wie die zerstörerischen Kräfte gegenüber Mensch
und Natur beschleunigt verstärken. Was wir allein anhand
der Corona-Maßnahmen mehr als deutlich am eigenen
Leibe erfahren. Es sind Systemerhaltungsmaßnahmen,
die offenbar einen weiteren Sargnagel für das System darstellen, indem sie die Gewinnbilanz zusätzlich drastisch
zerstören. Es ist so als bekomme der bereits an Krebs in
der Endphase sterbende noch die x-te Chemotherapie
verpasst, die dessen Leben nicht verlängert, sondern ver-
kürzend zusätzliches Leid verursacht.

Ganzheitliches Heilsein
Die Wechselwirkung individueller und gesellschaftlicher
Gesundheit

Alternativmedizinische Anamnese- und Therapiemöglichkeiten können durchaus wegweisend für die anstehenden Probleme sein. Insbesondere die neoliberale Umgestaltung der vergangenen Jahrzehnte darf für die gesamte Menschheit ebenso als gescheitert gelten, wie die so genannten gesundheitsdienlichen Corona-Maßnahmen. Das provoziert geförderte Elend hat längst alle Grenzen gesprengt wie auch die wenigen Vorteile und Vorteilseigner gegenüber den negativen Folgen.

Orientiert(e) sich die bisherige Medizin wie auch das gesamtgesellschaftliche Selbstverständnis an abstrakten Kriterien, individuell an abstrakten Krankheitsbegriffen und dem nachfolgenden Unterdrücken der Krankheitszeichen; gesamtgesellschaftlich am Funktionieren des geldvermehrerischen Selbstzwecks mit allen unmenschlichen Folgen der Lebensunterdrückung-/vernichtung, kann es jetzt nur noch darum gehen, individuelles und gesellschaftliches Heilen (Überwindung des kapitalistischen Selbstzwecks) anhand sinnlich-praktischer, also nachvollziehbar lebensdienlicher Kriterien auszurichten. Diese sind längst bekannt und kennt auch jeder, weil sie zum Lebenserhalt unabdingbar sind: essen, trinken, atmen, wohnen, miteinandersein, Schutz vor Schmerz und Leid, Naturerhalt usw.

So, wie sich Menschen schon immer gemeinschaftlich zusammenfanden, um sich selbst zu finden und zu heilen, scheint die Lösung aus der Misere das Zusammenfinden in kleinen und großen Kreisen zu sein. In familiären, städtischen, regionalen, kontinentalen und globalen, in solchen, mit speziellen Interessen und Neigungen, wie betreffs Natur, Musik, Medizin, Astronomie, Physik usw.

Diese Kreise haben sich zu berühren, gegenseitig zu inspirieren und auszutauschen, zu überschneiden und miteinander zu agieren. Und immer geht es über Gespräch, Zuhören, Ideen, Kritik, Forschung usw. darum, schließlich im Alleinvernehmen Beziehungen zu gestalten, die keinen überstimmt und niemand außen vor lässt. Es ist stets greifbar zu untersuchen und zu gestalten, wie wirklich Bedürfnisse und Träume sind. Wobei diese sinnlich-konkreten Bedürfnisse von Mensch und Natur die Orientierung bilden, auch wenn manche überprüft werden müssen oder erst gestaltet, insbesondere was soziale Bedürfnisse jetzt und in Zukunft sind.

Es ist gemeinschaftlich herauszufinden und festzulegen, was in der bisherigen Menschheitsgeschichte lebensdienlich war und ist, was individuelle und gesellschaftliche Heilung gleichermaßen bewirkt. Fragen sind zu stellen, ähnlich einer alternativmedizinischen **Anamnese**:

- *Was ist an Rüstung lebensdienlich? Brauchen wir die Rüstungsindustrie?*
- *Was macht die Maskenpflicht mit uns Menschen? Welchen Folgen hat sie für das Immunsystem und die Sauberkeit der Ozeane?*
- *Was zeigt die Zunahme von Zecken an und welcher Zusammenhang besteht mit der chemisch-industriellen Landwirtschaft?*

- *Was machen moderne Pestizide, was machen Neoniko-tinoide mit uns Menschen?*
- *Brauchen wir Individualverkehr um frei zu sein und mobil? Wollen wir für den Individualverkehr weiterhin zig Tausende Tode und Hunderttausende Verstümmelte in Kauf nehmen, für Fahrzeuge, die meistens still stehn und halbleer herumfahren, die Straßen benötigen und Kriege für das Erdöl, die Insekten allein durch ihren Gebrauch ausrotten und Menschen aggressiv machen und einsam?*
- *Brauchen wir Werbung und eine Psychologie, die vielmehr der Geldvermehrung und Massenmanipulation dient als dem Heilen? usw.*

Und:

- *Braucht es demzufolge einen Selbstzweck der Geldvermehrung, der bestenfalls über seinen Umweg etwas Gewinn für den Lebenserhalt von Menschen abwirft?*
- *Wozu dieser Umweg, wenn wir alles ohne dieses finanzielle Nadelöhr direkt haben könnten?*
- *Was soll aus der Menschheit werden, wenn sie diesen Selbstzweck gerade jetzt, da er zu großen Teilen ihre sozialen und natürlichen Bedürfnisse nicht mehr in der Lage ist, zu befriedigen, dennoch beibehalten will?*
- *Was nützt also eine Wirtschaft am Laufen zu halten, die enger geschnallte Gürtel, Lohnverzicht und verhungernde Kinder erfordert, nur um sie (noch) rentabel betreiben zu können? Das ist doch unsinnig!*
- *Was nützt eine Medizin, die Menschen an den Rande des Todes und der Lebenslust führt, wo es doch lebens-*

dienlichere, alternativmedizinischere Wege zu Hauf gibt,
die oft auch noch Freude und Spaß machen?

Nachbemerkung:

Derzeit kann sehr klar die Selbstunterdrückung vieler,
angeblich systemkritischer Menschen beobachtet werden. Abgesehen von vielen, narzisstisch-egeozentrisch
geprägten Forderungen, die weder Mitgefühl noch Barmherzigkeit für Schwächere beinhalten, kommen viele Demonstrationen erst nach Erlaubnis staatlicher Behörden
zustande und bei freiwilliger Einhaltung der fälschlicher-
weise so genannten Hygiene-Regeln. Deshalb meine letzte Frage unter diesem Menüpunkt:

• *Kann sich von diesem politischen Gesundheitsregime*
  gelöst werden, indem es um Erlaubnis gefragt wird,
  dagegen sein zu dürfen?

Aus meiner Sicht ist das so unmöglich, wie einen Dikta-
tor zu fragen: Bitte lieber Tyrann, erlaube mir, Dich zu fragen, ob Du nicht besser freiwillig abdankst. Was daraufhin
geschieht, dürfte jedem klar sein.

Ganz im Gegenteil sollte überlegt, wie Leben, wie Immunsysteme, wie Menschen vom Wesen her sind und was
es braucht, um heil und gesund zu werden.

Da wären immunstärkende Maßnahmen (Pflanzen,
Vitamine, Gemeinschaft, Freude, ...) zu nutzen, die überall und nahezu kostenfrei vorhanden sind. Zusätzlich

braucht es Austausch der Immunsysteme aller Menschen mit anderen Menschen UND der Natur einschließlich der Mikroben; um mit dem leben Schritt zu halten und gesund zu bleiben. (das stark geschwächte und schwer Kranke erst einmal behütet und aufgepäppelt werden müssen, versteht sich eigentlich von selbst, muss inzwischen aber stets betont werden. Zuviel wird von Maßnahme-Dogmatikern gerne überhört und falsch gedeutet.)

Wie würden demnach wirklich rebellische Demonstrationen usw. aussehen?: Händehalten und freies Atmen, OHNE Erlaubnis stattfindend.

VORSICHT FALLE

Beispielhaft für Wirkungslosigkeit, bei sich brav die Erlaubnis von den staatlichen Machtorganen einzuholen, um gegen die Maßnahmen der selben Machtorgane zu protestieren, zeigt sich anhand der sanftmütigen Aktion vieler Einzelhändler: „Wir machen auf ... merksam."

Sich auf Bitten und Betteln einzulassen garantiert das Scheitern, auch wenn die Angst vor Existenzverlust aus eigenem Empfinden nachvollzogen werden kann. Leider sind solche Aktionen nicht mehr als Selbsttäuschung und -beruhigung.

Zur Verdeutlichung meiner Kritik hier ein Zitat aus einem solch peinlichen Plakat. Fühlen Sie sich bitte einmal in diesen Text ein:

- *„Wir öffnen ... Ihre Augen für eine absolute Notsituation. Unsere Freunde, Kollegen und wir sind am Ende unserer Möglichkeiten. Die Läden werden sterben, die Innenstädte veröden.*
  Liebe Regierungs-Mitglieder, lasst uns öffnen oder entschädigt uns angemessen für die Verluste. Helfen Sie uns, unseren Freunden und Kollegen aus dem Handel. Teilen Sie dieses Foto. Nur mehr Aufmerksamkeit kann die Offenheit für unsere Bitte möglich machen.“

Lernen durch Naturbetrachtung
Die Weisheit innerer und äußerer Natur

Wie war doch gleich die Antwort des damaligen Papstes, nachdem ihm Galilei die vier neuentdeckten Jupitermonde mit dem Fernglas zeigte: „Was nicht sein darf, kann nicht sein!"

Nun, viel hat sich seither offenbar nicht geändert. Alternative Heilmethoden, selbst wenn sie tausendfache Erfolge zu verzeichnen haben, dürfen nicht sein. Überhaupt, nimmt man die deutsche Bundeskanzlerin, dann gibt es nur eine Wahrheit auf Erden und das ist die ihre. Alles andere sei angeblich alternativlos.

Hinsichtlich Corona-Maßnahmen und Heilbehandlungen der so genannten Erkrankung Covid-19 verhält es sich ebenso. Entweder man ist für das herrschaftlich-dogmatische Vorgehen der Regierung samt der oft recht fragwürdigen klinischen Behandlungsmethoden auf Basis eines ebenso fragwürdigen Infektionsverständnisses oder eben sofort ein Verschwörungstheoretiker oder Corona-Leugner (der Begriff Leugner ist sicherlich bewusst gewählt, um kritische Menschen in die totmachende Ecke der Holocaust-Leugner zu schieben, an dem es nun wirklich keinen Zweifel geben kann).

Dennoch frage ich mich, weshalb unabhängiges Denken und unvoreingenommene Naturbetrachtung ebenfalls eine Gefahr für alle tonangebenden Politiker geworden ist. Offenbar hat nicht einer den „Arsch in der Hose", alternative Sichtweisen wenigstens auch nur für diskussionswürdig zu halten. Aber es gibt sie zu Hauf und ebenso Fragen an die machtausübende Politik. Meine zwei wichtigsten, welche ich auch Landrat Vogel (Erzgebirgskreis) und Ministerpräsident Kretschmer (Sachsen) schriftlich stellte, jedoch trotz bewusster Sachlichkeit keine Antwort erhielt, seien hier aufgeführt:

- *Wie wird die „heruntergefahrene" Gesellschaftlichkeit genutzt, um die allgemeine Lebenskraft samt Immunsystem zu stärken?*
- *Wie sind die Vorstellungen für eine Lebens- und Wirtschaftsweise, die allgemein stärkt und nicht schwächt wie die bisherige, um zukünftig nicht bei jedem neu auftauchenden Virus Lockdowns ohne Ende anordnen zu müssen?*

Naturbetrachtung bzw. sinnliche Wahrnehmung, wozu ebenfalls die Wesenserkenntnis von Erkrankungen zählt, lässt viele Schlussfolgerungen zu, wie Leben wirkt und, bei aller Unterscheidung, auch wie Menschen ihr Leben in Fluss halten können bzw. was dem entgegen steht.

So dürfte es jeden Menschen ohne ideologische Vorbehalte klar sein, dass durch chemische Vergiftungen z. B. durch Pestizide in der Nahrung hervorgerufene Lebererkrankungen nicht mit weiteren hochdosierten Chemikalien (auch Medikamente genannt) behandelt werden sollten. Das kann der Leber, die für die Entsorgung aller untauglichen und schädlichen Substanzen zuständig ist, den Rest geben. Trotzdem wird genau das allgemein so gemacht.

Ebenso klar zu verstehen dürfte sein, dass sich Menschen nur wirklich wohl fühlen und gesund sein können, wenn sie lebendigen Anteil an der menschlichen Gemeinschaft haben. Aber sie erkranken seelisch und körperlich durch Einsamkeit, Ablehnung, Ausgrenzung und gar Verstoßung. Was an des Menschen Eigenart liegt, der eben kein Einzelgänger sein kann, sondern grundsätzlich ein hoch empfindsames Gemeinschaftswesen ist.

Kinder, die von Tieren aufgenommen und versorgt wurden, haben ihr Menschsein verloren, wie historische Fallbeispiele aufzeigen. Aber angeordnete Vereinzelung wird gegenwärtig mittels der Corona-Maßnahmen radikal und flächendeckend praktiziert: angeblicher Gesundheitsschutz durch Zerstörung der urmenschlichsten Wesensart, um als Mensch gesund sein zu können. Wie soll das gehen?

Doch die politischen Ideologen und Machthaber haben es ziemlich leicht mit ihrer kopfstehenden Politik. Das menschliche Wesen ist, wie alles Leben, ein solches Wunderwerk, dass es meistens nicht augenblicklich erkrankt, wenn es widrigen Bedingungen ausgesetzt wird. Oft braucht es mehr als nur Monate oder wenige Jahre, ehe sich schwerwiegende systemische Erkrankungen zeigen. Solche reifen meist über längere Zeiträume und recht unauffällig heran.

Wer kann dann schon der Bundeskanzlerinnen und ihren hörigen Vasallen in beispielsweise zehn oder zwanzig Jahren nachweisen, dass gehäufte Krebsleiden mit deren jetzigen Politik ursächlich zusammen hängen? Das ist ziemlich schwierig wenn nicht unmöglich.

Ähnlich verhält es sich mit den vielen Industriechemikalien, die über die Nahrung im menschlichen Körper viel Unheil anrichten können. Krebs nach dreißig Jahren Brotgenuss mit vergiftetem Getreide. Das kann nun wirklich nicht an Herbiziden liegen, heißt es treuherzigen Blickes. Außerdem, so wird argumentiert, liegen doch die festgelegten Grenzwerte in einem Bereich, der unschädlich sei. Ja, und wenn die Grenzwerte falsch sind? Und die Tests an Zellkulturen in Petrischalen?

Also hinschauen, wie sich Natur, wie sich Leben verhält, was es für Bedürfnisse hat und welche Bedingungen es frei entfalten lassen. Daraus lässt sich viel ableiten, auch, dass monatelange steigernde Angstmache womöglich neben untauglichen Tests per Immunschwächung auch infektiöse Erkältungskrankheiten ansteigen lassen kann.

Gedanken
von AHA-Gedanken bis Zufalls-Funde

Nicht alles kann immer ausformuliert und bis ins Kleinste durchdacht werden. Häufig kann es sogar fruchtbringender sein, einzelne Gedanken, Nachrichten, Erinnerungen und Merkwürdigkeiten nur kurz in Stichpunkten bzw. wenigen Sätzen niederzuschreiben. Genau das sei mit dieser Seite ausprobiert.

Denken ist etwas zutiefst menschliches und sehr schönes. Das damit verwechselte Gedankenkreisen hingegen verharrt vielmehr in gewohnten Bahnen und sollte kein Vorwand sein, das Denken zu verurteilen, wie es leider viele spirituelle und esoterische Möchtegernmeister verkünden. Gleiches gilt, wenn auch oft sehr geschickt verborgen, hinter psychologisch-manipulativen Techniken, wie sie gegenwärtig sehr erfolgreich zur Rechtfertigung der Corona-Maßnahmen vorgeführt werden.

Darum breche ich auch mit diesem Menüpunkt willkürlich eingefügter **AHA-Gedanken und Zufalls-Funde** einen Stab für das ZU-ENDE-DENKEN. Unter anderen ein Weg, aus dem Gedankenkreisen in die innere Stille und ausgeglichene Stabilität zu kommen.

Anders herum sei die Bevorzugung des Bauchgefühls kritisiert. Erst das Erlauben des Denkens UND des Gefühls kann als menschlich-ganzheitlich angesehen werden.

Heiler Kapitalismus?
Ein unheiliges System!

Manche, auch die politische Linke phantasieren von einem geheilten bzw. gezähmten Kapitalismus. Diese Unmöglichkeit versuchten schon viele, am grausamsten und menschenverachtendsten beispielsweise die deutschen Faschisten (1933 -1945) durch industrielle Vernichtung einer ganzen Menschengruppe, den jüdischen Mitmenschen.

Weil dieses einzigartige Menschheitsverbrechen aus geschichtlichen (speziell deutschen) Prozessen der kapitalistische Moderne hervorging, werden die seltsamsten Vernebelungen bemüht, um es ja nicht zum System zugehörig zu erkennen.

Die bekanntesten Täuschungen: Rückfall in die Barbarei ... Bruch der Zivilisation ... das unfassbar Böse ... usw.

Die Vernichtung der Juden erscheint jedoch im Lichte einer grundsätzlichen Kapitalismuskritik in ganz anderem Lichte. Dann wird sie als nationalsozialistischer Versuch sichtbar, den Kapitalismus zu heilen, von seinen angeblich fremden wuchernden Zinskapitalien zu befreien. Das „gute" deutsche schaffende Kapital sollte vom „bösen" raffenden Judenkapital befreit werden. Was aus dieser Sicht nur durch Vernichtung der jüdischen Menschen selber möglich erschien. Und so wurde es gemacht ... ohne den Kapitalismus zu beseitigen, sondern ihn sogar zu modernisieren (zu heilen), von alten Krusten zu befreien.

Übrigens:

- Die alleinige Schuldzuweisung an Banker und Börsianer als Verursacher der gegenwärtigen Systemkrise folgt einem ähnlichen Schema, wie bei den Nazis und ist damit nicht nur eine unmenschliche Projektion sondern auch antisemitisch durchdrungen.

Und dabei haben Banker und Börsianer nichts anderes gemacht, freilich recht erfolgreich, als was das System von allen anderen auch verlangt: Geld vermehrt. Genau das, was Pharmariesen machen müssen oder jeder kleine Handwerker und Selbstständige, ja, jeder Lohnabhängige usw., Geld vermehren bzw. die Einnahmen größer sein zu lassen als die Ausgaben. Aus kapitalistischer Sicht gehört eigentlich Bankern und Börsianer ein Orden verliehen, weil sie die Realwirtschaft damit alimentieren, die bereits und entgegen anderslautender Märchen seit Jahrzehnten zu großen Teilen nur noch kreditfinanziert am Laufen gehalten werden kann. Nicht umsonst kam es in den 1980ern zur so genannten „neoliberalen Revolution" als Krisenreaktion der kapitalistischen Funktionseliten (lt. Marx Charaktermasken) auf den Rückgang der Mehrwertgenerierung infolge mikroelektronisch-computerisierter Produktivitätssteigerungen. Mehr wertschaffende Arbeitsplätze fielen weg als durch Markterweiterungen neue hinzukamen.

Aber all das wird geleugnet, weil nicht sein kann, was nicht sein darf.

Und tatsächlich gebiert ein solch irrationales Gesellschaftssystem ständig irrational erscheinende Verbrechen.

Zur Erinnerung:

- *Alle 10 Sekunden stirbt derzeit ein Kind unter 5 Jahren an den Folgen von Hunger. Rein rechnerisch sind das 6 in der Minute, 360 in der Stunde und 8.640 am Tag. Was für das Jahr 3.153.600 (Dreimillioneneinhundertdreiunfünfzigtausendundsechshundert) eigentlich erhaltbaren Menschenleben entspricht.*

Und

- *alle 10 Sekunden sterben derzeit inklusive der Kinder 28 Menschen an den Folgen von Hunger. Also pro Stunde 1.708 Menschen, am Tag 41.000 und im Jahr 14.965.00, d. h. über 14 Millionen!!! Zusammengerechnet für einen Zeitraum des schlimmsten Krieges der Menschheit, dem 2. Weltkrieg (1939 - 1945), sterben in sechs Jahren 89.790.000 Menschen, während in diesem Krieg nach unterschiedlichen Quellen zwischen 50 und 60 Millionen Menschen ermordet wurden. Was nichts anderes heißt, als dass in etwa 4 bis 5 Jahren so viele Menschen ganz „alltäglich" dahinsterben, so als tobe der zweite Weltkrieg seit über 75 Jahren ohne Unterlass. Bloß, dass es offenbar kaum einen wirklich stört, weil angeblich nicht verhinderbar und sowieso nur wegen der Überbevölkerung geschuldet. „Die Schwarzen hecken halt zuviel. Selber Schuld ...", wie es zynisch heißt.*

Dass es allein an der fehlenden Rentabilität liegt, diesen armen Menschen ihr täglich Brot vorzuenthalten und nicht am angeblich fehlenden Reichtum auf Erden, darf natürlich nach Möglichkeit niemand begreifen. Wer würde sich sonst damit abfinden wollen, der auch nur einige Reste an Menschlichkeit bewahrt hat?

Nein, das kapitalistische Weltsystem verursacht diese Toten nicht nur, sondern benötigt sie sogar, um Sieger für die gelingende Vermehrung des Geldes zu haben.

Die Erde hat genug für all die Menschen und sogar das kapitalistische System. Aber es darf seine verfügbaren Ressourcen und Möglichkeiten auf Teufel komm raus NICHT so verteilen, damit alle zu essen haben, andernfalls bricht dieser ganze Irrsinn in sich zusammen, sprich, der Markt mit Angebot und Nachfrage usw. Was ja aus menschlicher Sicht gut wäre aber eben für den systemischen Selbstzweck nicht. Darum ist es für dieses System erforderlich, die Kinder sterben zu lassen und nicht verkaufbare Nahrung, wie auch Überkapazitäten, leerstehende Immobilien usw. (von wegen es ist nicht möglich genügend zu produzieren) zu vernichten!

- *Kapitalismus „heilen" zu wollen heißt, ihn in seiner Unheiligkeit maximal auszugestalten.* (*Es ist natürlich etwas gewagt, mit solchen Begriffen, wie „heilen" bezüglich eines Gesellschaftssystems zu sprechen. Doch der Anschaulichkeit halber halte ich es für sinnvoll. Damit kann die verdrehende Wesenskraft des Kapitalismus treffend beschrieben werden und auch, weshalb oft Gutgemeintes einzelner Menschen sich wie verhext ins*

Gegenteil verkehrt. Genau so wirken die kapitalistisch verinnerlichten Erfordernisse und deshalb entspricht ein voll entfalteter Kapitalismus seinem eigenen Wesen nach einem ganz „heilen". Für Mensch und Natur aber heißt das umgekehrt maximales Unheil. Ein heiles Ungeheuer kann nur unheilig sein, ebenso wie ganzheitlich heile Menschen nur OHNE Kapitalismus (= Fetischform) möglich sein werden.)

Kapitalismus sollte demnach tunlichst nicht „geheilt" werden, sondern umgehend verlassen. Die Menschheit kann NICHT MIT aber VOM Kapitalismus geheilt werden.

- *Heiler Kapitalismus = kranke Menschheit.*
- *Sterbender Kapitalismus auf der finanziellen „Intensivstation" = sterbende Menschheit.*
- *Daraus folgt: geheilte Menschheit = kein Kapitalismus.*

Eine letzte Schreckenszahl:

Werden seit dem 2. Weltkrieg durchschnittlich „nur" 6 Millionen verhungerte Menschen gerechnet, dann sind seither sage und schreibe

- **456 Millionen Menschen gestorben,**

und diese ca. halbe Milliarde allein wegen des kapitalistisch provozierten Hungers! Von all den anderen Opfern dieses Systems ganz zu schweigen.

Sollte schon diese Zahl nicht auch für jeden Wohlhabenden Grund genug sein, seinen Wohlstand in einem anderen, nicht auf Leben-auf-Kosten-von-Tod gegründetem System zu suchen? Oder wird nach einem Ausspruch Stalins gelebt?: *Einzelne Tote sind tragische Schicksale, Millionen bloß Statistik.*

Die bösen Viren

Krieg nach innen als Krisenausweg

Es ist nichts neues, gerät ein Herrschaftssystem in eine, womöglich gar seine letzte Krise, werden die Schreie nach Feinden immer lauter.

Ein Weltkrieg scheint derzeit (hoffentlich) für die machthabenden Eliten keine gangbare Lösung zu sein. Zusehr ist die Menschheit global vernetzt als dass er die Verursacher nicht ebenfalls träfe (abgesehen, diese würden einen weltweiten Amok planen, um nicht von ihrem System lassen zu müssen, was durchaus denkbar wäre).

Und so werden Migranten, Russen, Chinesen, Corona-/ Impf-Leugner und Terroristen ebenso aus dem Feinde erschaffenden Zauberärmel geschüttelt, wie der gegenwärtig genialste „Feind", der unsichtbare, sich heimlich anschleichende und schlau-hinterhältig mutierende Virus.

Ein besserer Feind lässt sich kaum finden ... die Thinktanks (u. a. regierungsberatende meinungs- und strategiebildende Denkfabriken) haben ganze Arbeit geleistet.

Viren:

- *sind unsichtbar und schwer nachzuweisen bzw. sichtbar zu machen, gelingt es, dann erscheinen sie riesengroß und berühren menschliche Urängste vor dem Ungeheuerlichen. Freier Raum außerhalb des damit maximal ausgefüllten Sichtraumes, für andere Sichtweise ist* kaum noch möglich und nur per bewusster Entscheidung zu finden.

- und deren angeblich bösen, auf Krankheit programmierte Eigenschaften können von den meisten Menschen nicht selbst beobachtet werden, sie sind auf Gutglauben angewiesen.
- lassen sich niemals völlig vernichten, was auch nicht Ziel der ganzen Maßnahmen ist. Wo kämen die fanatisierten Machteliten auch hin, verschwänden die Viren plötzlich. Sie blickten dann recht dumm drein.
- werden gottgleiche Fähigkeiten (Fetisch, Götze) zugedacht, offensichtlich damit der Krieg gegen sie immer weiter fortgeführt werden kann.

  Ein weiterer Ausdruck für die gesamtgesellschaftliche Fetischform.

  Erstaunlich, wie sehr u. a. die christlichen Kirchen ihr erstes Gebot missachten und inzwischen auch diesem anderen Virus-Gott huldigen. Andersherum: wie klein muss deren Gottesbild sein, wenn sie Viren mehr Macht als ihrem „allmächtigen" Gott zutrauen.
- mutieren und flutschen somit stets durch alle Impf- und Verbotsmaßnahmen.
- gehören zu Wandlungs- und Heilprozessen ebenso dazu, wie zu unseren Erbanlagen; also gehen diese Feinde niemals aus, ja, es können durchaus mehr werden, wenn Heilung beginnt (ein willkommenes (wenn auch verdrehtes) Argument, gegen sie Krieg zu führen ...)
- bringen viel Geld ein, besonders Global Playern.
- schenken Gründe zur weiteren Entfremdung der Menschen von sich, vorallem in Form der abstrahierenden Digitalisierung (abstrakt = tot, unsinnlich).

Ob nun Kinder von ihren leiblichen Eltern durch gesichts- und mimikverdeckenden Masken hindurch angesprochen werden oder von toten Computerstimmen wie Alexa oder Siri, macht da wenig Unterschiede. Womöglich liegt darin auch ein weiteres digitales, kapitallogisches Ziel, menschlich-elterlichen Einfluss auf die Kindserziehung zu beseitigen. Gefühlskalte, narzisstisch gestörte Persönlichkeiten als freiwillig roboterhafte Funktionseinheiten (der stolze Ausdruck Mensch kann dafür nicht mehr gebraucht werden) wären das (erwünschte?) Ergebnis.

- *bieten Vorwände, Menschen zu vereinzeln, zur Verhinderung von aufständischen Massenbewegungen und schwer kontrollierbaren Zusammenkünften. Auch die allumfassende Videobeobachtung per regionalen und satellitengestützten Techniken, Gesichtserkennung, Bewegungsverfolgung per Handy, Kontrolle mittels Internet, Fotokameras und bevorstehender Smartphone-Einpflanzungen (The Great Reset, Tesla usw.) lässt sich damit offenbar am besten begründen.*

- *usw.*

HILFREICHE BÜCHER UND TEXTE
Aus Erfahrung und Wissen der Menschheit schöpfen

Die Menschheit hat unzählige Gedanken und Werke hervorgebracht, wie auch Erfahrungen für eine menschliche Daseinsweise gesammelt, von denen ich hier einige vorstellen möchte. Dabei mag es für den einen oder die andere auch überraschende Erkenntnisse geben, wie dass beispielsweise Seeräuber nicht unbedingt die grausamen Schweinehunde waren, wie Francis Drake, der im Auftrag und unter Schutz der Herrschenden raubte und mordete, sondern auch Ausgestoßene, die ihre Träume einer menschlichen Gemeinschaft mit freien und vom Grunde her gleiche Menschen (bei allen Unterschieden) versuchten zu verwirklichen. (z. B. im Buch „Die vielköpfige Hydra" findet sich erstaunliches dazu) Dass diese Menschen den Herrschenden ein Dorn im Auge waren, gnadenlos verfolgt und gemeuchelt wurden und nachträglich ideologisch der Verteufelung anheim fielen, mag nicht verwundern. Das ist offenbar so gut gelungen, dass wir alle das negative Bild der Piraten verinnerlicht haben.

Womöglich sind es die Kinder, die gern Pirat spielen, die eine unbewusste Ahnung von der anderen, menschlichen Seite der Freibeuter noch erahnen.

Übrigens, dass es auch Bücher gibt, die fundiert die Verbrechen vergangener „kommunistischer" Staaten durchaus berechtigt aufzeigen, entheht uns doch nicht der Aufgabe, die Zumutungen und Verbrechen des kapitalistischen Weltsystems aufzuzeigen und überwinden zu wollen. Zumal der so genannte Ostblock niemals die ökonomischen Grundlagen des kapitalistischen Weltsystems verlassen haben. Jetzt, in der Rückschau ist es möglich, sie als staatskapitalistische Modernisierungsnachzügler zu erkennen. Vom Wesen her ging es ihnen also nicht um eine menschliche Gesellschaftsform sondern um Teilhabe am Weltmarkt. Damit hingen sie, bei durchaus vorhandenen besten Absichten, von vorn herein an dem Fliegenfänger des kapitalistischen Selbstzwecks der Geldvermehrung, im Westen Profit genannt, im Osten Gewinn. (auch dazu seien Bücher von Robert Kurz empfohlen, wie z. B. der „Kollaps der Modernisierung")

VORSICHT FALLE

Bitte beachten Sie, dass auch kritischste Kritiker irren können, wie das Beispiel eines von mir hoch geschätzten Netzwerks zeigt, als es einen Brief an den zuständigen Ministerpräsidenten sandte, um darin einen noch härteren Lockdown zu erbitten. So schnell kann die verinnerlichte Fetischform auch Kritikern „ein Bein stellen".

Also, bleiben Sie immer schön kritisch, auch mir gegenüber!

Empfohlene, gesellschafts- und herrschaftskritische Bücher
Für den Inhalt der Bücher sind allein die Autoren verantwortlich.

- Robert Kurz, Schwarzbuch Kapitalismus, Ein Abgesang auf die Marktwirtschaft

- Robert Kurz, Geld ohne Wert, Grundrisse zu einer Transformation der Kritik der politischen Ökonomie
- Robert Kurz, Der Kollaps der Modernisierung, Vom Zusammenbruch des Kasernensozialismus zur Krise der Weltökonomie
- Robert Kurz, Marx lesen: Die wichtigsten Texte von Karl Marx für das 21. Jahrhundert
- Ökumenisches Netz Rhein-Mosel-Saar (Hrsg.), Die Frage nach dem Ganzen, Zum gesellschaftskritischen Weg des Ökumenischen Netzes anlässlich seines 25-jährigen Bestehens
- Peter Linebaugh, Marcus Rediker, Die vielköpfige Hydra: Die verborgene Geschichte des revolutionären Atlantiks
- Silvia Federici, Caliban und die Hexe: Frauen, der Körper und die ursprüngliche Akkumulation
- Torsten Engelbrecht, Claus Köhnlein, Virus-Wahn: Corona/COVID-19, Masern, Schweinegrippe, Vogelgrippe, SARS, BSE, Hepatitis C, AIDS, Polio: Wie die Medizin-Industrie ständig Seuchen ... der Allgemeinheit Milliarden-Profite macht
- Torsten Engelbrecht, Claus Köhnlein, Die Zukunft der Krebsmedizin: Klassische und ganzheitliche Therapien, Impfungen und Krebsgene: Was ist Fakt und was Fiktion?
- Maria Mies, Patriarchat und Kapital
- Hendrik Heidler, Reif für den Narrensprung: Ganzheitliche Gesundheit, individuell und gemeinsam

Links zu anderen, hilfreichen Websites
Auch Kritiker sind kritisch zu lesen!

Es liegt in der Natur einer wirklich menschlichen Gesellschaftsform, dass diese nicht als System mit verein-
heitlichten Bedingungen gestaltet werden kann. Zu
unterschiedlich sind Mensch, Natur, Klima, Regionen,
Wirtschaftsbranchen usw. Ganz im Gegensatz zur kapitalistischen Daseins- und Wirtschaftsweise, in der alles
gleich vor dem Geld, der Warenproduktion und dem
Konsum sind. Erkennbar an der betriebswirtschaftlich
gleichermaßen auf Gewinn ausgerichteten und eigentlich
so unterschiedlichen Bereiche, wie Rüstungsindustrie,
Pharmaindustrie, Krankenhäuser und Handwerker. Alle
und alles wird durch den Kamm der Rentabilität und
Geldvermehrung getrieben.

Deshalb haben bereits theoretische Betrachtungen und
praktische Ansätze für den Schutz von Mensch und Natur
in der Gegenwart und noch mehr in Hinblick auf die zu
erschaffende menschliche Gesellschaftsform, diese Unterschiede zu beachten. Das geht nicht mit Geld sondern
nur bei Beachtung der natürlichen und sozialen Bedürfnisse der menschlichen Produzenten und Konsumenten,
bei Beachtung der Bedürfnisse aller Natur.

Dafür können atheistische Theorien ebenso sinnvoll
sein (Gruppe Exit) wie religiöse Gemeinschaften (Ökumenisches Netz Rhein-Mosel-Saar) oder schamanische
Weltsichten (TraumzeitPraxis). Es ist zu wünschen und
anzustreben, dass diese alle, bei allen unterschiedlichen

Herangehensweisen und Vorstellungen unter einem Punkt sich zusammenfinden: die Überwindung des kapitalistischen Weltsystems, ehe es uns alle in den Untergrund reißt, mit dem Ziel des Aufbaus einer menschlichen Gemeinschaft die JEDEN Menschen achtet: Gemeinwohl = Einzelwohl, ohne Abstriche!

VORSICHT FALLE

Bitte beachten Sie, dass auch kritischste Kritiker irren können, wie das Beispiel des von mir hoch geschätzten Ökumenischen Netzwerks zeigt, als es einen Brief an den dortigen Ministerpräsidenten sandte, um darin um einen noch härteren Lockdown bat. So schnell kann die verinnerlichte Fetischform auch Kritikern „ein Bein stellen".

Also, bleiben Sie immer schön kritisch, auch mir gegenüber ...

Dazu hier einige bereichernde Links
Für den Inhalt dieser Websites sind allein deren Betreiber verantwortlich.

* *EXIT – Krise und Kritik der Warengesellschaft, www.exit-online.org*
* *Ökumenisches Netz Rhein-Mosel-Saar e.V. www.oekumenisches-netz.de*
* *rubikon – magazin für die kritische Masse, www.rubikon.news*

- *Telepolis – Onlinemagazin für Politik & Medien im digitalen Zeitalter ...,*
  www.heise.de
- *TraumzeitPraxis – Schamanisch-energetisches Heilen,*
  www.traumzeitpraxis.de

TERMINE UND VERANSTALTUNGEN

Was? Wann? Wo?

Wenn Sie sich, bei allen individuellen Träumen und Vorstellungen, mit dem Inhalt dieser Website Identifizieren können und sich auch mit einbringen oder nur dabei sein möchten, dann beginnen Sie vielleicht auch bei sich einen lokalen Kreis (Gruppe) zu knüpfen. Aus vielen solchen, sich berührenden, zusammenfügenden und verstärkenden Kreisen, von familiären über freundschaftlichen und nachbarlichen bis landesweiten und kontinentalen, kann sich die angestrebte, eingreifmächtige soziale Massenbewegung bilden.

NEUIGKEITEN UND NACHRICHTEN
Die Sprache der Macht ist verräterisch

Nicht alles kann immer ausformuliert und bis ins kleinste durchdacht werden. Häufig kann es sogar fruchtbringender sein, einzelne Gedanken, Nachrichten, Erinnerungen und Merkwürdigkeiten nur kurz in Stichpunkten bzw. wenigen Sätzen niederzuschreiben. Genau das, sei mit dieser Seite ausprobiert.

Hier drei Beispiele:

Nachtreten, gegen Ungeimpfte
24.02.2021

Wer's glaubt wird selig, dass keine Privilegien für Geimpfte in Vorbereitung seien bzw. nicht kommen würden. Wer genau hinhört, wird jeder Illusion beraubt und kann staunen, wie raffiniert getäuscht und gelogen wird. Hier einige Zitate:

- *„Wo es aber um private Vertragsverhältnisse gehe, „können wir uns von staatlicher Seite wenig einmischen". Bundeskanzlerin A. Merkel, Nachricht vom 24.02.2021*

- ***„Wenn wir genügend Menschen ein Impfangebot gemacht haben** werden und sich einige partout nicht impfen lassen wollen, wird man überlegen müssen, ob es in bestimmten Bereichen Öffnungen und Zugänge nur für Geimpfte geben soll." Bundeskanzlerin A. Merkel, Nachricht vom 24.02.2021*

Soziale Notwehr

- **„Solange die Zahl der Geimpften noch so viel kleiner ist** als die derjenigen, die auf die Impfung warten, sollte der Staat beide Gruppen nicht unterschiedlich behandeln." A. Merkel, Nachricht vom 25.02.2021

Fast kommen mir bei so viele Liebe und Menschlichkeit die Tränen. Nein, die Politik wird keinen zwang ausüben, das machen die Privaten selbst ... wenn das kein versteckter Auftrag ist, was sonst?

Wenn genügend geimpft sind, dann kommen die Privilegien, so sicher, wie das Amen in den Kirchen. Das in o. g. Zitaten **fett** hervorgehobene ist eindeutig und handfeste Drohung.

Impfschäden schön reden
26.02.2021

Ohne Kommentar:

„... solche Reaktionen (bei Corona-Impfungen) seien ‚eigentlich ein gutes Zeichen', weil sie zeigten, dass das Immunsystem arbeite." Bundesgesundheitsminister J. Spahn, 26.02.2021

Lacher des Tages: „Viren sind ungerecht"
26.02.2021

Ministerpräsident Michael Kretschmer trägt als Länderchef die Verantwortung seiner Politik für 4.071.971 Einwohner in Sachsen (per Dezember 20020). Für eine Person, die ein solches Amt führt, darf ein gewisses Mindestmaß an Bildung und Weltverständnis vorausgesetzt werden. Das scheint aber nicht der Fall zu sein. Ich zitiere die Freie Presse vom 26.02.2021 mit Aussagen von Kretschmer während eines Gesprächs mit Katarina Witt:

„Katarina Witt ... vermisst das, was sie Fairness nennt: ‚In Logistiklagern können hunderte Menschen herumwuseln, aber der einzelne Schuhverkäufer hat faktisch Berufsverbot.' **Kretschmer: ‚Nicht die Politik ist ungerecht, das Virus ist es! ... Wir sind nicht nur Politiker, sondern Bürger.'"**

Sieh an, wie auch seine Ministerkollegin Petra Köpping, die ohne Maske erwischt wurde, entdeckt plötzlich in Argumentationsnot hinsichtlich seiner brutalen Politik, ein ganz normaler Bürger wie jeder andere zu sein. Bei seinen Machtbefugnissen ist das aber ganz und gar nicht der Fall.

Schade, dass er sich offenbar nicht als Mensch sieht, dann wäre ihm sicher klar, dass **Viren KEINE Moral besitzen** können sondern einfach sind. Wie auch Hasen, Fichten, Wolken, Messer, Impfstoffe, Regenwürmer und Rotzpopel NICHT ungerecht sein können, höchstens gefährlich oder eklig.

Allein der Mensch kann gerecht bzw. ungerecht handeln! Diese Binsenweisheit geht offenbar solchen moralisierenden Schlaubergern völlig ab, wie sich täglich in deren Sprache und auch Handlungen zeigt: „Der unsichtbare Feind", „schleicht sich heimlich an" usw.

Ministerpräsident Kretschmers Antwort deutet auf eine narzisstische Persönlichkeit in kindlicher Trotzphase hin. In dieser Machtposition:

Erbärmlich und kreuzgefährlich!

KONTAKT
So ein Buch wird nie fertig

Ich verstehe mich als einer von vielen, benötigten Anregern der erforderlichen sozialen Massenbewegung und NICHT als irgend eine Art Vorsitzender. Nach meinem Verständnis kann eine solche menschliche Organisation nur bei Beachtung aller Vielfalt und wesentlich hierarchiefrei erfolgreich wirken. Der Weg hat dem Ziel zu entsprechen, wie die Mittel dem Zweck. Darum erfordern Weg und Ziel einer menschlichen und natürlichen Gesellschaftsform viele (am besten alle) Menschen, die aus sich heraus und für diese wunderschöne Aufgabe Teile (Kreise, Gruppen) bilden, die ein großes Ganzes harmonisch, einem gesunden, lebendigen Körper entsprechend, erschaffen.

Wenn Sie sich, bei allen individuellen Träumen und Vorstellungen, damit dem Inhalt dieser Website nach Identifizieren können und diese auch mit einbringen oder nur dabei sein möchten, dann beginnen Sie bei sich einen lokalen Kreis (Gruppe) zu knüpfen. Aus vielen solchen, sich berührenden, zusammenfügenden und verstärkenden Kreisen, von familiären über freundschaftlichen und nachbarlichen bis landesweiten und kontinentalen, kann sich die angestrebte, eingreifmächtige soziale Massenbewegung bilden.

Gern können Sie mich über nachfolgende Kontaktdaten erreichen:

HENDRIK HEIDLER

Scheibenberg/Erzgebirge

Telefon: 037349 8807
E-Mail: info@soziale-notwehr.net